Korte

Konzepte der Kosten- und Leistungsrechnung, Investition und Finanzierung

Ein handlungsorientiertes Informations- und Arbeitsheft

Merkur

Verlag Rinteln

Wirtschaftswissenschaftliche Bücherei für Schule und Praxis
Begründet von Handelsschul-Direktor Dipl.-Hdl. Friedrich Hutkap †

Verfasser:

Anna Maria Korte, Dipl.-Hdl., Oldenburg

* * * *

2., überarbeitete Auflage 2012
© 2011 by Merkur Verlag Rinteln

Gesamtherstellung:
Merkur Verlag Rinteln Hutkap GmbH & Co. KG, 31735 Rinteln

E-Mail: info@merkur-verlag.de
               lehrer-service@merkur-verlag.de
Internet: www.merkur-verlag.de

ISBN 978-3-8120-**1028-3**

In dem vorliegenden Arbeitsheft werden die Lerninhalte der Klasse 12.1 des beruflichen Gymnasiums Wirtschaft in Niedersachsen für die Fächer BRC und Praxis anhand eines Modellunternehmens erarbeitet. Das Modellunternehmen Bruno Gelato GmbH ist ein in Rhauderfehn/ Ostfriesland real existierendes Unternehmen.

Im Arbeitsheft werden aufgrund der Komplexität des Unternehmens aus didaktischen Gründen betriebsinterne Daten vereinfacht dargestellt.

Das Modellunternehmen bietet realitätsnahe, problem- und entscheidungsorientierte Ausgangssituationen. Diese verlangen von den Schülerinnen und Schülern, sich in verschiedene Perspektiven hineinzuversetzen, z.B. in die Rolle von Herrn Flügge als kaufmännischen Leiter oder in die Rolle von Herrn Braams als Leiter der Rechnungswesenabteilung, oder sie übernehmen die Sichtweise eines Gesellschafters. Auf diese Weise lernen die Schülerinnen und Schüler einen Sachverhalt aus unterschiedlichen Blickwinkeln zu betrachten.

Nach einer ausführlichen Analyse der Ausgangssituationen können die abiturrelevanten Inhalte wie Kosten- und Leistungsrechnung, Maschinenstundensatzrechnung, Prozesskostenrechnung, Kapitalbedarfsrechnung, Finanzierungs- und Investitionsrechnung eigenständig erarbeitet werden.

Eine Musterklausur mit Lösungen am Ende des Heftes gestattet den Schülerinnen und Schülern die Überprüfung des Lernerfolges.

Mein besonderer Dank gilt Herrn Bruno Lucchetta, Geschäftsführer der Bruno Gelato GmbH, und Herrn Peter Flügge, kaufmännischer Leiter, die durch ihre konstruktive Mitarbeit zum Gelingen dieses Arbeitsheftes beigetragen haben.

Oldenburg, im Sommer 2012

Anna Maria Korte

Inhaltsverzeichnis

**Zusatzmaterial
im Internet**

3 PROZESSE DER INVESTITION UND FINANZIERUNG

VERZEICHNIS DER SYMBOLE

Am Beginn eines Lernprozesses steht stets eine Ausgangssituation, die einen zu lernenden fachlichen Inhalt in Zusammenhang mit einem betrieblichen – hier die Bruno Gelato GmbH – Problem oder Sachverhalt bringt.

Aus der beschriebenen Ausgangssituation entsteht ein Arbeitsauftrag, der z. T. von allen Klassenmitgliedern oder in Gruppenarbeit abgearbeitet werden sollte.

Dieses Symbol steht für **A**rbeits**b**lätter und dient der Strukturierung fachlicher Inhalte. Weiteres Kennzeichen ist, dass hier aktive Mitarbeit gefordert ist.

Im Gegensatz zu Arbeitsblättern liefern **I**nformations**b**lätter das notwendige Hintergrundwissen zur Bearbeitung der Arbeitsaufträge. Eine sorgfältige Bearbeitung ist daher zur Lösung der Ausgangssituationen geboten.

Protokoll**b**lätter sind konkrete Vorlagen, die für die aktive Erarbeitung der Arbeitsaufträge genutzt werden sollen.

Die Symbolleiste am Rand des Arbeitsheftes dient zur schnelleren Orientierung. Eine detaillierte Übersicht über die Inhalte wird in dem Verzeichnis der Arbeits-, Informations- und Protokollblätter auf Seite 4, 5 und 6 gegeben.

1   INFORMATIONEN ZUM MODELLUNTERNEHMEN: DIE BRUNO GELATO GMBH

Entstehungsgeschichte und aktuelle Situation

Unsere Entstehungsgeschichte: Bruno Gelato[1]

Heidi und Bruno Lucchetta begannen 1991 mit der Produktion von hochwertigem italienischem Eis, das zunächst den Kunden ihrer eigenen Eisdiele angeboten wurde. Der unvergleichliche Geschmack und die sehr hohe Qualität machten in der Branche schnell von sich reden. Bald belieferten Heidi und Bruno Lucchetta auch die Eisdielen und Eiscafes vor Ort mit ihrem hochwertigen Speiseeis. Nach jährlichen starken Zuwächsen beschlossen Heidi und Bruno Lucchetta im Jahr 2001, eine Eiscremeproduktion zu

errichten, die auch für kommende Jahre geeignet ist, dem immer größer werdenden Kundenstamm eine ausgezeichnete Versorgung zu bieten. Die Bruno Gelato GmbH wurde gegründet.

Seitdem produziert die Bruno Gelato GmbH jährlich mehrere hundert Tonnen hochwertiges Speiseeis nach italienischen Rezepturen. Bei der Herstellung der verschiedenen Eiskreationen werden ausschließlich hochwertige Zutaten verwendet. Wo immer es möglich ist, wird auf künstliche Aromen, Farb- und Süßstoffe verzichtet. Der Genuss dieser Eisspezialitäten ist daher auch für besonders empfindliche Verbrauchergruppen unbedenklich. Ständige Qualitätskontrollen bei allen Produkten und Prozessen sind selbstverständlich. Um sicherzustellen, dass auch die Lieferanten und Vertragspartner der Bruno Gelato GmbH die gleichen Qualitätsstandards einsetzen, findet in regelmäßigen Abständen eine Beurteilung und Bewertung der Leistungsfähigkeit dieser Partner statt.

Ausschnitt aus der Rede von Bruno Lucchetta auf der letzten Betriebsversammlung zur Lage des Unternehmens

„Die Situation auf dem Lebensmittelmarkt ist zurzeit sehr angespannt, der Preisdruck ist enorm. Darum gilt es, unsere Position in Zukunft in den Bereichen zu verteidigen, in denen wir bereits die Marktführerschaft im Sektor „Fruchteis" besitzen. Gleichzeitig müssen wir andere Marktsegmente weiter ausbauen oder neu erschließen. Nur so können wir an die Wachstumsraten der vergangenen Jahre anschließen.

Aus diesem Grund müssen wir verstärkt auch in die Bereiche investieren, die zukünftig die aussichtsreichsten Gewinn- und Wachstumsraten versprechen. Dabei gilt es, sowohl bei der Erschließung neuer Segmente als auch in der gesamten Produktion das immer stärker werdende Ökologiebewusstsein der Verbraucher zu berücksichtigen."

Hinweis:

Informationen
➢ zur **Bilanz der Bruno Gelato GmbH** finden Sie unter **IB 7,** S. 21,
➢ zur **Gewinn- und Verlustrechnung der Bruno Gelato GmbH** finden Sie unter **IB 8,** S. 22.

---

1 Information Bruno Gelato GmbH Rhauderfehn.

MODELL-
UNTERNEHMEN

KLR:
Einstieg

Abgrenzung

BAB

Maschinen-
stunden

Prozess-
kosten

Investition

Finanzierung

Musterklausur

Philosophie der Bruno Gelato GmbH

➢ Kunden des Unternehmens

Unser oberstes Ziel sind begeisterte Kunden, sie stehen im Mittelpunkt all unserer Aktivitäten. Es ist unser wichtigstes Ziel, sie nicht nur mit all unseren Leistungen zufriedenzustellen, sondern für sie mehr zu tun als unsere Mitbewerber. Zu den Kunden unseres Unternehmens zählen neben Eisdielen und Eiscafes auch namhafte Großhandelsunternehmen und Restaurantketten.

➢ Mitarbeiter

Am Qualitätsmanagement wirken alle Mitarbeiter unseres Unternehmens mit. Fehlervermeidung und Selbstprüfung der erstellten Arbeit sind dabei wesentliche Grundsätze in unserem Unternehmen.

Grundlage für einen gleichbleibenden hohen Qualitätsstandard ist die Qualifizierung unserer Mitarbeiter durch Schulungs-, Unterweisungs- und Ausbildungsmaßnahmen. Durch ein kooperatives Miteinander zwischen Führungskräften und Mitarbeitern motivieren wir zu einer stärkeren Eigenverantwortung und höherem Engagement.

➢ Unsere Führungsgrundsätze

Gemeinsam besser! Probleme und Fragen werden abteilungsübergreifend gelöst, wobei wir Meinungs- und Informationsaustausch im Sinne der internen Kommunikation fördern. Teamarbeit ist für jeden Mitarbeiter Pflicht, jedoch nur so lange wie sie sinnvoll eingesetzt werden kann, denn die Eigenverantwortung des Mitarbeiters in seiner täglichen Arbeit ist hoch.

Die Qualitätspolitik unseres Unternehmens ist allen Mitarbeitern bekannt und wurde mit ihnen diskutiert.

➢ Lieferantenbeziehungen

Ein langfristiges, vertrauensvolles Verhältnis zu unseren Lieferanten ist eine Grundvoraussetzung für den gemeinsamen Erfolg. Wir wählen unsere Lieferanten sehr sorgfältig aus. Um Qualitätsverluste der Rohstoffe durch lange Transportwege so gering wie möglich zu halten, bevorzugen wir Lieferanten aus unserer Umgebung. Den empfindlichsten Hauptbestandteil unserer Produkte, die Milch, beziehen wir ausschließlich von Molkereien aus unserer Region.

Unser Ziel: das Kunden-Lieferanten-Verhältnis zu einer Partnerschaft zum beiderseitigen Nutzen entwickeln. Wir vermeiden Einkäufe bei vielen verschiedenen Lieferanten und pflegen Partnerschaften mit wenigen Lieferanten.

➢ Umweltverantwortung

Umweltschutz ist integraler Bestandteil unserer Unternehmensphilosophie. Um dieser Verantwortung gerecht zu werden, verpflichten wir uns gesetzliche und behördliche Bestimmungen zu erfüllen.

Die im Rahmen der Materialbeschaffung zu beziehenden Materialien einschließlich Anlagen und Maschinen prüfen wir in dem Bestreben, nur umweltfreundliche, schadstofffreie und recyclingfähige Anlagen einzusetzen.

Entstehende Abfälle vermeiden, vermindern und verwerten wir. Dort, wo sich Abfälle nicht vermeiden oder vermindern lassen, werden die auf ein Minimum reduzierten Reststoffe zu fast 100 % einer Verwertung zugeführt. Unser Ziel ist in allen Bereichen ein geschlossener Wertstoffkreislauf.

Standort

Bruno Gelato GmbH – Schuhmacherstr. 26 – D-26817 Rhauderfehn – Telefon +49(0) 4952 95299-0

Sortiment der Bruno Gelato GmbH

IB 3

Artikel	Artikel	Artikel
1. Schoko-Minze	23. Aprikose	45. Joghurt Erdbeere
2. Blauer Engel	24. Banane	46. Aloe Vera
3. Kokos	25. Erdbeer	47. Muffin Frizzy
4. Eierpunsch	26. Grüner Apfel	48. Joghurt Waldbeer
5. Schoko Caramel	27. Heidelbeer	49. Amaretto
6. Joghurt Orange	28. Himbeer	50. Geröstete Mandeln
7. Krokant mit Rum	29. Kirsch	51. Erdnuss-Schoko
8. Malaga	30. Kiwi	52. Schoko-Cherie
9. Haselnuss	31. Melone	53. Omas Apfelkuchen
10. Pistazie	32. Exotic	54. Kokos Mandelcreme
11. Sahne-Caramel	33. Zitrone	55. Marshmallow
12. Sahne-Kirsch	34. Kirsch-Banane	u. a.
13. Schoko	35. Azzurro	
14. Stracciatella	36. Joghurt Frutti di Bosco	**Diabetiker-Eis**
15. Crema Tartufo	37. Joghurt Natur	Vanille
16. Tiramisu	38. Mango	
17. Vanille	39. Cookies	**Laktosefreies Eis**
18. Waldmeister	40. Zimt	Vanille
19. Walnuss	41. Crema Italiana	Schoko
20. Weiße Schokolade	42. Zuppa Inglese	Erdbeere
21. Espresso	43. Latte Macchiato	
22. Ananas	44. Schwarzwald	

KLR: Einstieg

Abgrenzung

BAB

Maschinen-stunden

Prozess-kosten

Investition

Finanzierung

Musterklausur

MODELL-UNTERNEHMEN

KLR: Einstieg

Abgrenzung

BAB

Maschinen-stunden

Prozess-kosten

Investition

Finanzierung

Musterklausur

IB 3

Tiramisù Art.Nr. 807
Original aus Italien! In Likör und Kaffee getauchte Löffelbisquits, verbunden mit einer köstlichen Mascarponecreme mit Kakaoüberzug.
38 cm 1.200g netto
Keine Einteilung

Käsekuchen Art.Nr. 810
Dieser klassische großzügige Käsekuchen ist aus frisch gebackener Käsecreme und feinem Mürbeteig hergestellt.
Ø 28 cm 2.300g netto
Keine Einteilung

Apfelkuchen Art.Nr. 811
Eine köstliche Verbindung von frischen Äpfeln und feinem Mürbeteig nach alter Tradition. Mit Zimt verfeinert und verführerisch dekoriert.
Ø 28 cm 2.800g netto
Keine Einteilung

Apfelstrudel Art.Nr. 830
Der Strudel enthält saftige Äpfel und ist mit Rosinen verfeinert. Er wird mit feinem Blätterteig ummantelt.
Original Dinghartinger!
in Einzelportionen
á 160g geschnitten
36 Portionen pro Karton

Amarettone Art.Nr. 831
Feine Konditorkunst aus frischer Sahne und feinem in Marsala-Wein getränktem Bisquitboden. Verziert mit ganzen und gestreuselten Amarettiplätzchen.
Ø 26 cm 1.600g netto
Einteilung in 14 Stücke

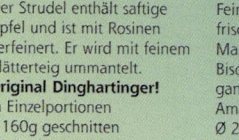

Waldfrucht Art.Nr. 832
Eine fruchtige Spezialität mit saftigen Brombeeren, Johannisbeeren und Heidelbeeren. Ummantelt mit gehobelten Haselnüssen.
Ø 26 cm 2.200g netto
Keine Einteilung

Saint-Honoré Art.Nr. 833
Konditorenkunst à la Italia. Leckere Sahnetorte, die sehr aufwendig mit Windbeuteln verziert ist.
Ø 26 cm 1.600g netto
Einteilung in 14 Stücke

Tartufata Art.Nr. 834
Schokoladenbisquit mit köstlicher Schokoladencreme und feinen Schokoblättchen verziert.
Ø 26 cm 1.900g netto
Keine Einteilung

Cioccolattone Art.Nr. 835
Eine besondere mit Schokoladenstreuseln verzierte Kombination aus Schokoladenbiskuit und Mousse.
Ø 26 cm 2.100g netto
Einteilung in 14 Stücke

Schwarzwald Art.Nr. 836
Ein klassischer Hochgenuss aus frischer Sahne und saftigen Kirschen kombiniert mit zartem Schokoladen-Bisquitboden. Geschmackvoll verziert mit Kirschen und geraspelter Schokolade.
Ø 26 cm 2.000g netto
Einteilung in 14 Stücke

Mimosa Art.Nr. 837
Delikater Bisquitboden gefüllt mit einer Vanillecreme. Ausgeschmückt mit gewürfeltem und Staubzucker bedecktem Biskuit.
Ø 26 cm 1.900g netto
Keine Einteilung

Herren-Sahne Art.Nr. 838
Feinster Schokoladen-Bisquitboden in Verbindung mit frischer Sahne und Preiselbeeren.
Verziert mit Kakaopulver.
Ø 26 cm 1.600g netto
Einteilung in 14 Stücke

Käse-Sahne Art.Nr. 839
Aus frischer Sahne und Quark sowie feinem lockeren Bisquitboden und abgesiebtem Bisquitdeckel.
Ø 26 cm 2.200g netto
Einteilung in 14 Stücke

Selva Nera Art.Nr. 840
Eine köstliche Schokoladentorte mit hochwertiger Schokolade in aufwendiger Art mit Schokoblättern von Hand dekoriert.
Ø 26 cm 1.400g netto
Keine Einteilung

Frutta-Torte Art.Nr. 841
Fruchtige Sahnetorte, dekoriert mit exotischen und heimatlichen Früchten.
Ø 26 cm 2.000g netto
Keine Einteilung

Feinste Konditorenkunst von Hand gemacht

Pannacotta-Himbeere Art.Nr. 842
Die Creme à la Pannacotta mit Himbeergeschmack ist für viele Genießer ein echter Geheimtipp. Durch die auffällige Dekoration ist dieses Kunststück ein Muss für Ihre Tortenauslage.
Ø 26 cm 1.300g netto
Keine Einteilung

Mango-Aprikose Art.Nr. 843
Exotische Früchte erfreuen sich immer mehr Beliebtheit. Mit einem sehr schönen Spiegel aus einer fruchtigen Soße dekoriert.
Ø 26 cm 1.300g netto
Keine Einteilung

ORIGINALE & TRADIZIONALE
Bruno Gelato ®

Bruno Gelato GmbH
Schuhmacherstraße 26 • 26817 Rhauderfehn
Tel. 0 49 52 - 9 52 99 - 0 • Fax 0 49 52 - 9 52 99 - 20
info@brunogelato.de • www.brunogelato.de

Organigramm der Bruno Gelato GmbH

IB 4

MODELL-UNTERNEHMEN

KLR: Einstieg

Abgrenzung

BAB

Maschinen-stunden

Prozess-kosten

Investition

Finanzierung

Musterklausur

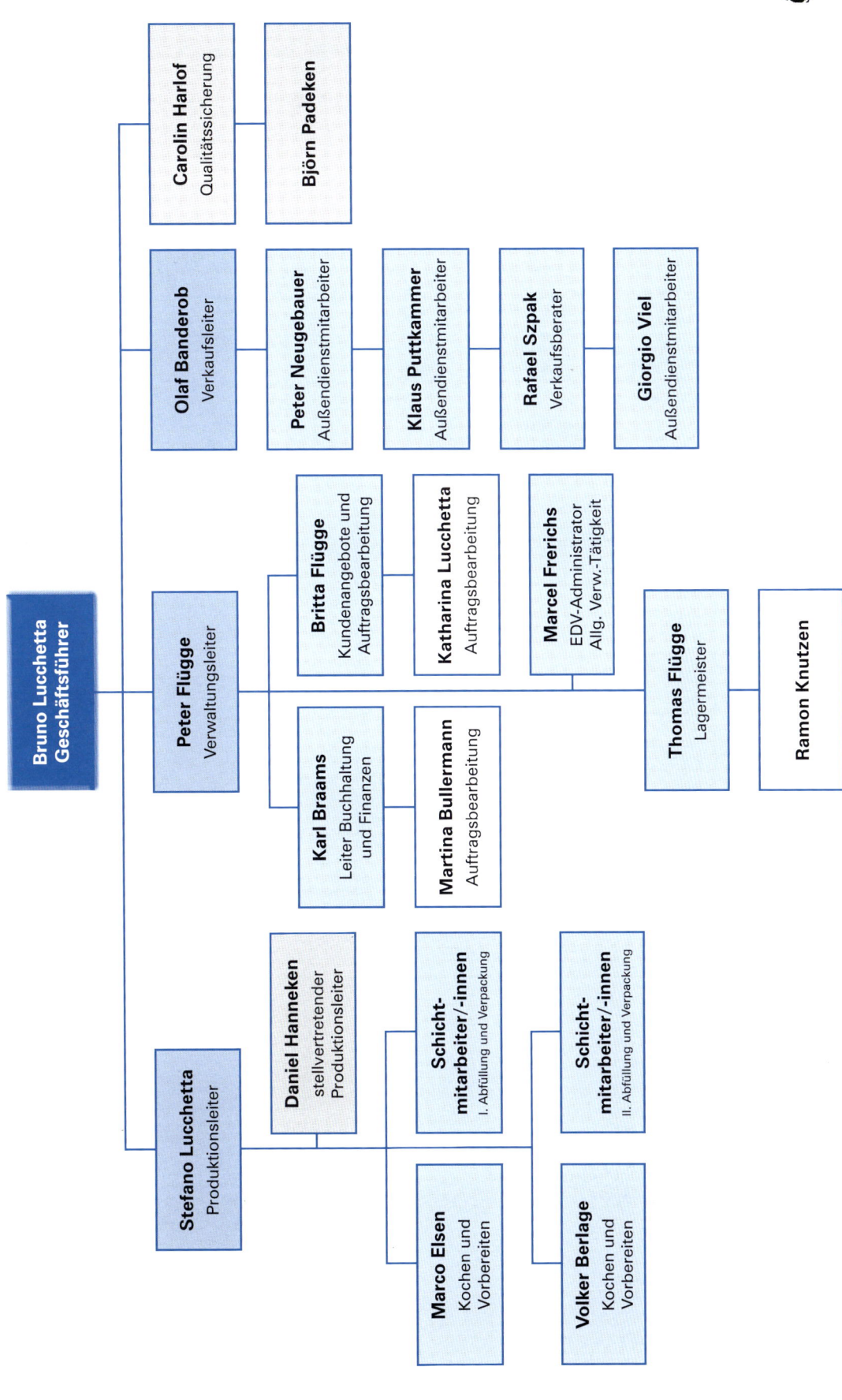

Bruno Lucchetta
Geschäftsführer

Stefano Lucchetta
Produktionsleiter

Daniel Hanneken
stellvertretender Produktionsleiter

Schicht-mitarbeiter/-innen
I. Abfüllung und Verpackung

Schicht-mitarbeiter/-innen
II. Abfüllung und Verpackung

Marco Elsen
Kochen und Vorbereiten

Volker Berlage
Kochen und Vorbereiten

Peter Flügge
Verwaltungsleiter

Britta Flügge
Kundenangebote und Auftragsbearbeitung

Katharina Lucchetta
Auftragsbearbeitung

Marcel Frerichs
EDV-Administrator
Allg. Verw.-Tätigkeit

Karl Braams
Leiter Buchhaltung und Finanzen

Martina Bullermann
Auftragsbearbeitung

Thomas Flügge
Lagermeister

Ramon Knutzen

Olaf Banderob
Verkaufsleiter

Peter Neugebauer
Außendienstmitarbeiter

Klaus Puttkammer
Außendienstmitarbeiter

Rafael Szpak
Verkaufsberater

Giorgio Viel
Außendienstmitarbeiter

Carolin Harlof
Qualitätssicherung

Björn Padeken

KLR: Einstieg

Abgrenzung

BAB

Maschinen-stunden

Prozess-kosten

Investition

Finanzierung

Musterklausur

Produktionsabläufe der Bruno Gelato GmbH (Fließdiagramm)

1.	**Base**	Durch die Zutaten von Wasser, Vollmilch 3,5 %, Zucker, spezifischer Eismix, Magermilch, Sahne 8 %, Invertzucker und Aroma wird mit 70° C die Base 60 Minuten vorgekocht. Bei diesem Ablauf wird die Base mit 150 bar homogenisiert.
		Dann erfolgt ein Erhitzen der Base auf 84° (Pasteurisieren), 15 Minuten lang. Nach diesem Vorgang wird die Base auf 2° C abgekühlt.
		Die Base wird zur Weiterverarbeitung mindestens 6 Stunden bis höchstens 72 Stunden bei mindestens 2° C bis höchstens 4° C gereift.
2.	**Entstehung der Sorten**	Maßgeblich für die Zutaten zur Veränderung der Base zu einer speziellen Eissorte ist der Fettanteil, den es bei 9 % immer einzuhalten gilt. Nach dem grundsätzlichen Fettanteil einer Paste oder eines Aromas werden die Zutaten und die Zutatenmengen der Base (s. o.) geändert.
3.	**Fließdiagramm**	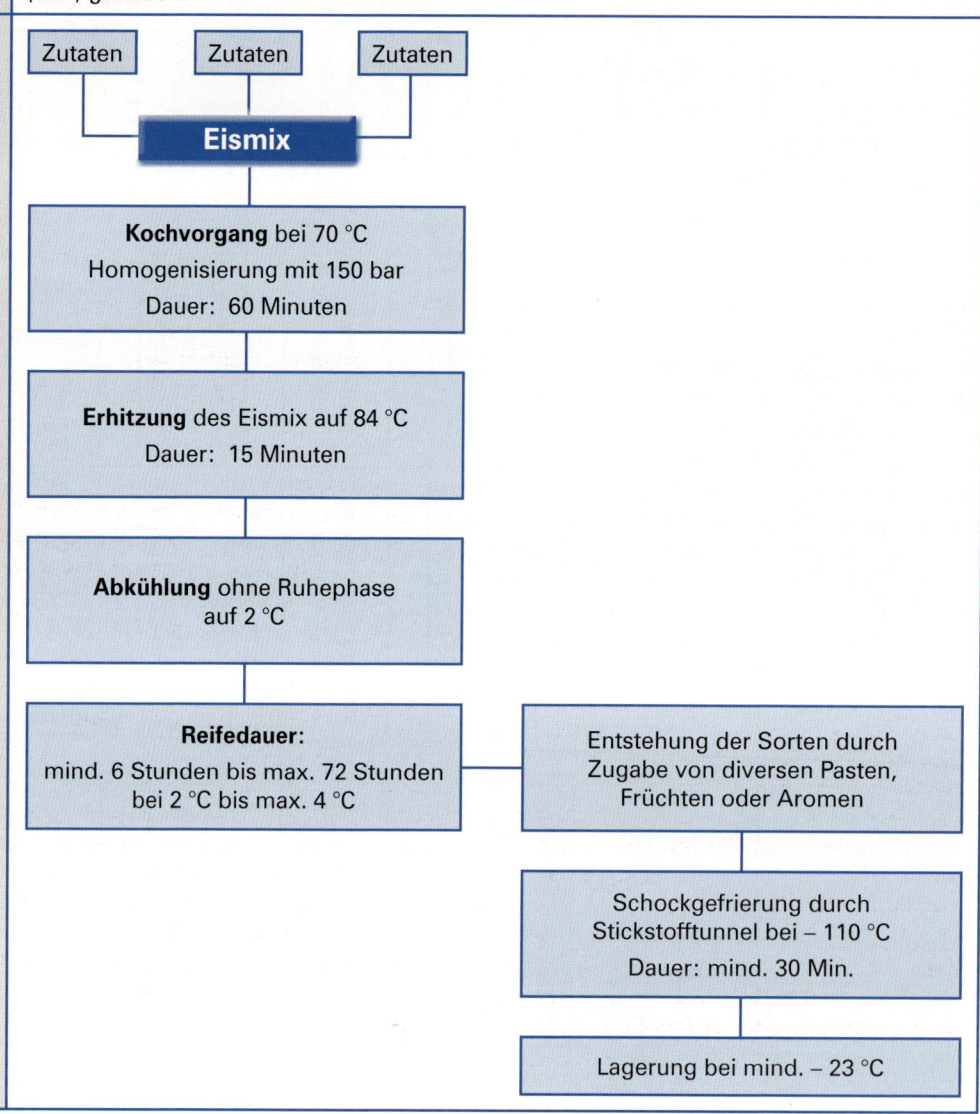

Qualitätsmanagement der Bruno Gelato GmbH

KLR: Einstieg

Abgrenzung

BAB

Maschinen-stunden

Prozess-kosten

Investition

Finanzierung

Musterklausur

Unsere Qualitätssicherung[1]

„Eis, wie ich es mag", besagt schon unser Slogan. Aus diesem Grund sind wir einem anerkannten Kontrollsystem für Lebensmittel angeschlossen. Das Prüfsystem für Lebensmittel steht für die stufenübergreifende Qualitätssicherung bei der Erzeugung von Lebensmitteln. Es deckt die gesamte Kette der Erzeugung ab. Das System baut dabei auf umfassende Kontrollen auf drei Ebenen: Das Eigenkontrollsystem richtet jeder Systempartner als Basis nach verbindlichen Kriterien für sein Unternehmen ein. Auf der zweiten Ebene überwachen neutrale Kontrollen durch unabhängige und nach DIN-Norm akkreditierte Zertifizierungsstellen diese Anforderungen. Seit Bestehen des Prüfsystems hat sich diese Verbindung aus hoher Eigenverantwortlichkeit der beteiligten Unternehmen und neutraler Kontrolle bestens bewährt. Danach findet in einer übergeordneten Ebene die Metakontrolle statt, die für die stetige Funktionsfähigkeit des gesamten Systems sorgt. Das Prüfsystem steht damit für eine stufenübergreifende Qualitätssicherung und basiert auf der Dokumentation und der Kontrolle der Produktionsabläufe. Auf diese Weise nimmt sich das Prüfsystem der Sicherung und Transparenz der Produktion, gemeinsamer Marktpositionierung und der Festigung des Verbrauchervertrauens an.

	Eigenkontrollsystem / HACCP	Rhauderfehn

Qualitätspolitik

Qualität ist die Basis aller Aktivitäten der Bruno Gelato GmbH.

Die Bruno Gelato GmbH verfügt über eine langjährige Erfahrung auf dem Gebiet der Speiseeisherstellung. Jährlich werden mehrere hundert Tonnen Speiseeis nach italienischen Rezepturen produziert.

Unser oberstes Ziel sind nicht nur zufriedengestellte, sondern begeisterte Kunden. Sie bestimmen was Qualität ist. Fairness, Kompetenz und Ehrlichkeit bilden das Fundament unseres langfristigen Erfolges. Schon bei der Angebotsabgabe prüfen wir, ob wir die Erwartungen unserer Kunden und Partner bei der Auftragsabwicklung voll erfüllen können. Ihr Qualitätsanspruch ist unsere Herausforderung – jeden Tag!

Unsere innerbetriebliche Leistung wird auch bei modernsten Produktionsanlagen von unseren Mitarbeitern bestimmt. Jeder Einzelne ist sich seiner großen Verantwortung bewusst und trägt so zum Erfolg des Unternehmens bei. Wir fördern die Motivation unserer Mitarbeiter durch regelmäßige Aus- und Weiterbildung auf allen Gebieten.

Wir verpflichten uns gegenüber allen Menschen im geschäftlichen wie im privaten Bereich zur Ehrlichkeit, Offenheit, Höflichkeit und Fairness. Wir achten unsere Mitmenschen, egal welches Geschlecht oder welche Hautfarbe sie haben, egal welcher Nationalität oder

Religion sie angehören. Menschen sollen uns vertrauen können, indem wir sagen, was wir machen und das machen, was wir sagen.

Ebenso verpflichtet sich die Bruno Gelato GmbH zur kontinuierlichen Verbesserung der Produkte und Prozesse. Wir investieren viel Zeit in die kritische Analyse, um so Abläufe zu optimieren und eventuelle Schwachstellen wirksam abzustellen. Mindestens 1 x jährlich führen wir Bewertungen unseres Managementsystems durch und überprüfen unsere Arbeit auf die Erreichung der uns gesteckten Ziele.

Die im Rahmen der Materialbeschaffung zu beziehenden Materialien einschließlich Anlagen und Maschinen prüfen wir in dem Bestreben, nur umweltfreundliche, schadstofffreie und wiederverwertbare Materialien einzusetzen.

Die Beachtung aller für die Bruno Gelato GmbH relevanter Gesetze, Verordnungen, Spezifikationen und Richtlinien, ethischer Grundsätze, Hygiene und Vorgaben zur Arbeitssicherheit, der schonende Umgang mit allen Ressourcen sowie unsere Verantwortung gegenüber der Umwelt sind für uns dauerhafte Verpflichtungen.

Die Qualitätspolitik wird seitens der Geschäftsführung der Bruno Gelato GmbH getragen und festgelegt. Sie ist bindend für alle Unternehmensbereiche und Ebenen.

Unterschrift/Datum
– Geschäftsleitung –

25. Aug. 20.

Datei Name Betriebsdaten – Allgemein	**Seite** 3 von 19	Stand: 10.08.20.. Version: 1.0.

---

1 Daten sind aus redaktionellen Gründen geändert.

MODELL-UNTERNEHMEN

KLR: Einstieg

Abgrenzung

BAB

Maschinen-stunden

Prozess-kosten

Investition

Finanzierung

Musterklausur

 **6**

CERTIFICATE

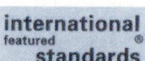

Herewith the certification body

SGS INSTITUT FRESENIUS GmbH

Being an EN 45011 accredited certification body for IFS certification and having signed an agreement with the IFS owners, confirms that

BRUNO GELATO GmbH
Schumacherstraße 26
D-26817 Rhauderfehn

For the product category

10 – READY TO EAT

PRODUCTION OF ICE CREAM

Meets the requirements set out in the

INTERNATIONAL FOOD STANDARD (IFS FOOD)
VERSION 5, AUGUST 2007 AT HIGHER LEVEL

Certificate – register number: 1429977
Audit date: March 15, 2010
Date of issue of certificate: April 15, 2010
Certificate valid until: April 14, 2011
Date of the next audit: March 14, 2011

Taunusstein, April 15, 2010

i.V. Daniela Gröting

i.V. Daniela Gröting
SGS INSTITUT FRESENIUS GmbH

SGS INSTITUT FRESENIUS GmbH

Im Maisel 14
D-65232 Taunusstein

www.institut-fresenius.de

INSTITUT FRESENIUS

SGS

Advance Organizer: Die Kosten- und Leistungsrechnung ergibt das wahre Bild eines Betriebs

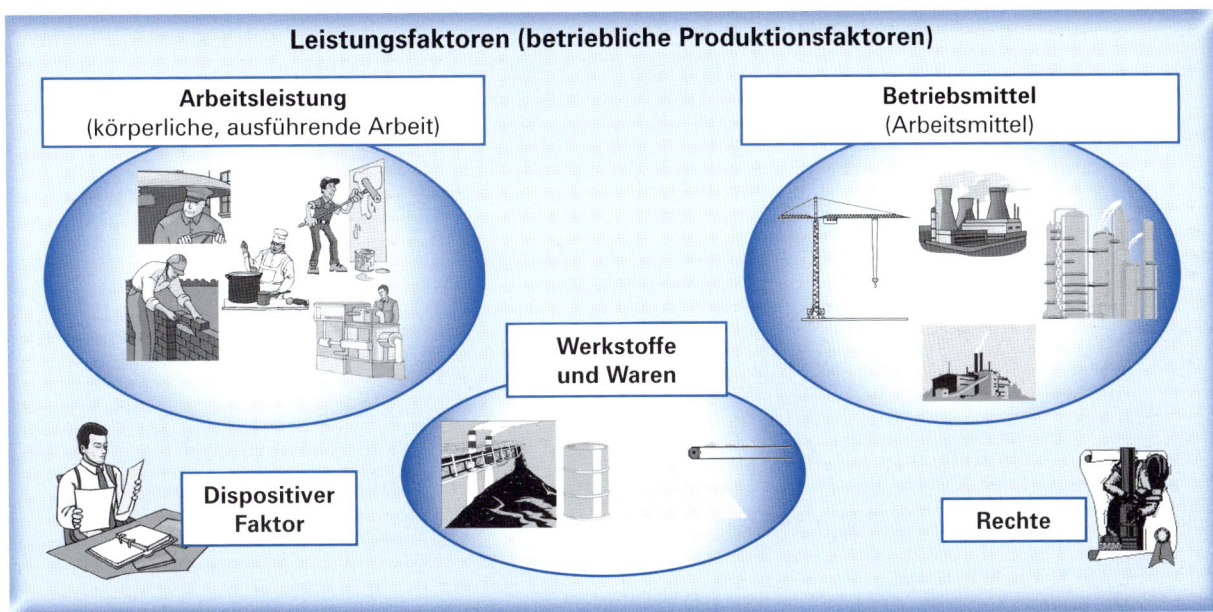

Leistungsfaktoren (betriebliche Produktionsfaktoren)

Arbeitsleistung
(körperliche, ausführende Arbeit)

Betriebsmittel
(Arbeitsmittel)

Werkstoffe und Waren

Dispositiver Faktor

Rechte

Außenansicht

Ursache

Bilanz, GuV sind **unternehmens**bezogen und dienen der **Außen**darstellung

①

Soll	GuV	Haben
Aufwen-dungen		Erträge

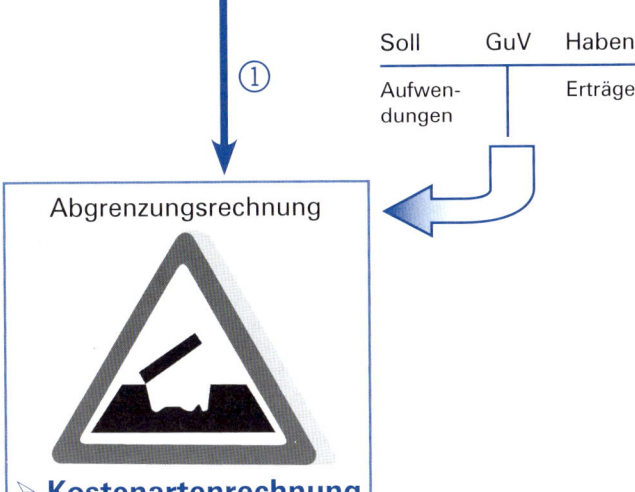

Abgrenzungsrechnung

➤ **Kostenartenrechnung**

Welche Kosten sind entstanden?

②

Innenansicht

Output – verschiedene Fertigerzeugnisse

Kostenträgerrechnung

Welches Produkt hat eine Kostenstelle wie lange/wie intensiv genutzt und muss deshalb welche Kosten tragen?

Ziel

③

Kostenstellenrechnung

Wo/an welcher Stelle im Betrieb sind die Kosten entstanden?

AKS Spedition	HIKS Arbeitsvor-bereitung	Fertigungshauptkostenstellen (FHS)			Verwal-tung	Vertrieb
		Torten-herstellung	Eis-herstellung	Schock-gefrierung		

3 Korte - ISBN 978-3-8120-1028-3

Modell-unternehmen

KLR: EINSTIEG

Abgrenzung

BAB

Maschinen-stunden

Prozess-kosten

Investition

Finanzierung

Musterklausur

Modell-unternehmen

KLR: EINSTIEG

Abgrenzung

BAB

Maschinen-stunden

Prozess-kosten

Investition

Finanzierung

Musterklausur

Bei der Bruno Gelato GmbH stehen Veränderungen für die Zukunft an – Einstieg in die Kosten- und Leistungsrechnung

Mit Herrn Flügge als neuen Gesellschafter und als kaufmännischen Leiter ist „frischer Wind" in das Unternehmen[1] gekommen. Um auch zukünftig auf dem Markt bestehen zu können, möchte Herr Flügge einige Veränderungen im Unternehmen vornehmen. Zum einen könnte Herr Flügge sich eine Ausweitung des Absatzes nach Osteuropa vorstellen, zum anderen bietet eine große Hotelkette die Garantie, Eistorten für besondere Anlässe in einer großen Menge abzunehmen. Um dieses Angebot annehmen zu können, fehlen allerdings Kapazitäten, was eine Erweiterung des Unternehmens zur Folge hätte.

Andererseits bietet sich die Möglichkeit, mit Bio-Eis und spezieller Zubereitungstechnik das Unternehmen auf Erfolgskurs zu bringen. Im Internet hat Herr Flügge dazu folgenden Artikel gelesen:

Mit der Eis-Zauberei auf Erfolgskurs

Das 1990 gegründete Unternehmen Eismaschinen GmbH bietet für die kommende Saison eine Eismixmaschine, die bisherige Arbeitsschritte vereinfacht.

Von Ulrike Heppendorf   Papenburg, den 18.04.20xx

Mit der Idee der kleinsten Eisfabrik der Welt konnte das Unternehmen seit seinem Bestehen bereits über 70 Partner gewinnen. Außer in Deutschland gibt es die Eis-Zauberei bereits in Dänemark, Schweden, Österreich, Schweiz, Polen, Japan und Venezuela. Die Produkte der Eis-Zauberei zeichnen sich laut Unternehmen durch eine hohe Abwechslung, Originalität und die Verwendung natürlicher Zutaten aus. So wird u. a. auch eine Eisvariante für Diabetiker angeboten. Das Besondere der Eis-Zauberei ist jedoch, dass das Eis der Wahl wie in einer Show in wenigen Sekunden vor den Augen der Kunden live hergestellt wird. Die Eis-Zauberei eignet sich daher ganz besonders für Erlebnisbereiche aller Art, ob im „Indoor-Geschäft" oder im „Outdoor-Geschäft".

Die Projektgruppe I um Herrn Lucchetta hat sich intensiv um Kontakt zum Unternehmen **Eismaschinen GmbH** bemüht. Allerdings konnte man sich nicht über eine Zusammenarbeit einigen, sodass das Patent für die Eismixmaschine von der Eismaschinen GmbH alleine genutzt wird. Herr Bruno Lucchetta drängt deshalb darauf, Anteile der Eismaschinen GmbH zu erwerben oder das Unternehmen ganz aufzukaufen. Andere Mitglieder der Projektgruppe favorisieren dagegen eine Nutzung des Patentes gegen Entgelt, um auf diese Weise die neue Eismixmaschine für die eigene Kundschaft nutzen zu können. Sie begründen ihre Entscheidung damit, dass es ihrer Meinung nach nicht gut um die Eismaschinen GmbH bestellt sei.

Die Projektgruppe II um Herrn Flügge beschäftigt sich mit der Erschließung neuer Märkte durch Produktvariationen. Durch Marktuntersuchungen bei Hotelketten und Großkunden hat sich gezeigt, dass immer mehr Kunden nach Bioprodukten fragen. Bio-Eis verkauft sich einfach besser, weil die Leute wissen, dass es sorgfältig hergestellt ist und schmeckt. Schon 1996 hat das Unternehmen **Deli Eis GmbH** mit der Produktion von Bio-Eis begonnen, zunächst in den Sorten Vanille und Zitrone. Ein Jahr später waren es bereits 46 Geschmacksrichtungen. Neben den normalen Sorten, wie Vanille, Erdbeere, Schokolade, Zitrone usw., hat das Unternehmen auch Karamell, Heidelbeere und Café. Das ist schon eine Seltenheit bei Bio-Eis. Zählt man alle Kombinationen mit, sind es über 150 verschiedene Eissorten! Seit Neuestem stellen sie auch zuckerfreies Eis, das auf Soja-Basis hergestellt und mit Traubensaft gesüßt wird, her. Am beliebtesten ist aber Zitrone.

Für die Herstellung von Eiscreme nehmen sie frische Milch (60 Prozent), Crème fraîche, Rohrzucker, Sirup, Milchproteine und weitere Zutaten je nach Geschmacksrichtung. Für Fruchteis, das Sorbet, werden je nach Sorte 20 bis 40 Prozent Früchte und dazu Wasser, Rohrzucker und Sirup verwendet. Deli Eis versucht einfach, ein möglichst naturbelassenes Produkt herzustellen.

---

1 Daten wurden aus redaktionellen Gründen geändert.

Modell-unternehmen

KLR: Einstieg

Abgrenzung

BAB

Maschinen-stunden

Prozess-kosten

Investition

Finanzierung

Musterklausur

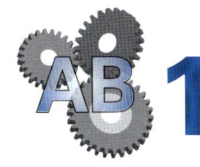

In der Gesellschafterversammlung ist daraufhin der Entschluss gefasst worden, die Produktpalette evtl. um Bio-Eis zu erweitern. Um die Beschaffung der Rohstoffe aus biologisch einwandfreien Betrieben optimal zu gewährleisten, könnte die Bruno Gelato GmbH sich durch eine Unternehmensbeteiligung eng an einen Lieferanten binden. Auf diesem Weg besteht die Möglichkeit, von dessen Erfahrungen zu profitieren und einen möglichst hohen Einfluss auf die gesamte Wertschöpfungskette zu haben. In diesem Zusammenhang ist die Deli Eis GmbH in das Blickfeld der Bruno Gelato GmbH gerückt. Herr Flügge möchte eine Beteiligung an diesem Unternehmen erwerben, mit dem langfristigen Ziel, es ganz zu übernehmen.

Im Verlauf einer Gesellschafterversammlung kommt es zu folgendem Dialog zwischen Herrn Flügge und Herrn Bruno Lucchetta:

Herr Lucchetta:	„Um unseren guten Ruf als innovatives Unternehmen nicht zu verlieren, müssen wir dringend das Recht an der Eismixmaschine erlangen. Für unsere Großkunden aus den Bereichen Gastronomie, Bäckerei, Konditorei, Fitness und Erlebnis, die wiederum Innovationen für ihre Geschäfte suchen, könnten wir damit eine große Nachfrage befriedigen. Die Möglichkeit, das Unternehmen Eismaschinen GmbH zu übernehmen, ist dabei unsere Chance."
Herr Flügge:	„Sie haben Recht, das Patent brauchen wir. Aber nicht durch eine Übernahme! Das Unternehmen steht doch kurz vor dem Aus! Das Patent müssen wir uns über eine vertragliche Nutzung gegen ein Entgelt erkaufen. Eine Beteiligung oder eine langfristige Übernahme der Deli Eis GmbH ist sinnvoller."
Herr Lucchetta:	„Kurz vor dem Aus? Bei einem Gewinn von über 260.000,00 EUR? Da ist die Kooperation mit der Deli Eis GmbH bei einem Verlust von über 60.000,00 EUR im letzten Jahr doch wohl viel risikoreicher."
Herr Flügge:	„Herr Lucchetta! Sie sind ein begnadeter Eishersteller, doch die Auswertung von Bilanzen und GuV-Rechnungen ist nicht Ihre Stärke."
Herr Lucchetta:	„Was meinen Sie damit? Die Zahlen sprechen doch für sich, oder nicht? Und überhaupt, können wir uns derartige Beteiligungen überhaupt leisten?"
Herr Flügge:	„Warten Sie mal die Aufbereitung der Daten durch unsere Rechnungswesenabteilung ab. Dann werden Sie sehen, was ich meine."

Herr Flügge beauftragt den Leiter der Rechnungswesenabteilung, Herrn Braams, die vorliegenden Materialien zu prüfen und die Auswertung auf der nächsten Geschäftsleitersitzung zu präsentieren.

Am 25.09.20xx findet die nächste Sitzung der Geschäftsleitung statt. Die Sitzung beinhaltet folgende Tagesordnungspunkte:

TOP 1: Aktuelle Situation des Unternehmens

TOP 2: Bericht über den Stand der Beteiligungsabsichten
> Vorstellung der möglichen Unternehmen
> Gewinnvergleich durch Analyse der Ergebnistabellen

TOP 3: ...

Modell-
unternehmen

KLR:
EINSTIEG

Abgrenzung

BAB

Maschinen-
stunden

Prozess-
kosten

Investition

Finanzierung

Musterklausur

Arbeitsauftrag

Bilden Sie drei Gruppen.

Ihr Arbeitsauftrag ist es, für

➢ die Bruno Gelato GmbH **(Gruppe 1),**

➢ die Deli Eis GmbH **(Gruppe 2)** und

➢ die Eismaschinen GmbH **(Gruppe 3)**

einen Steckbrief zu erstellen.

Die Steckbriefe werden Teil der Entscheidungsgrundlage für die Gesellschafterversammlung sein.

Prüfen Sie in diesem Zusammenhang, ob eine Beteiligung (bzw. ein Kauf) an der Eismaschinen GmbH oder an der Deli Eis GmbH zur Philosophie der Bruno Gelato GmbH passt.

Nutzen Sie dazu alle zur Verfügung stehenden Informationen und Vorlagen (siehe nachfolgendes Mindmap)! Bereiten Sie Ihre Daten so auf, dass sie im Anschluss vorgestellt werden können und allen als Diskussionsgrundlage zur Verfügung stehen. Sie können dazu ein Plakat, Folien oder den PC mit Beamer verwenden.

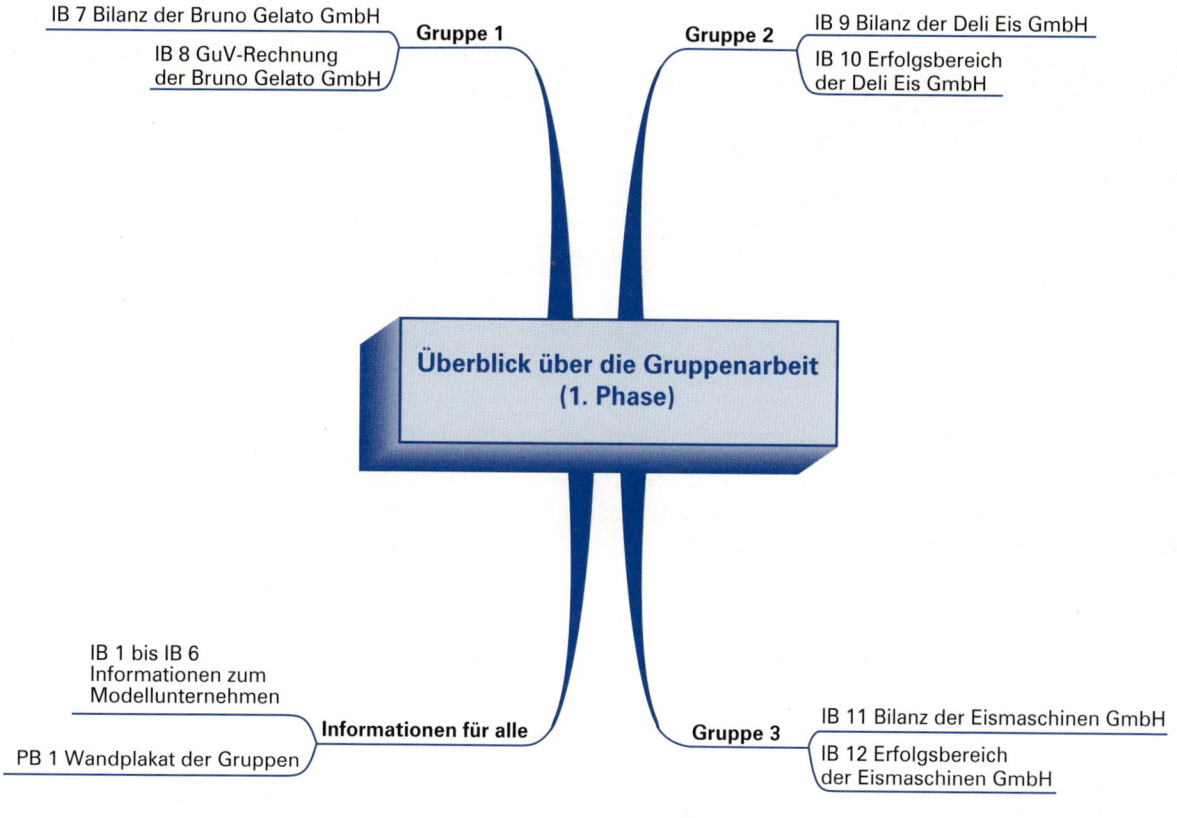

Bilanz der Bruno Gelato GmbH zum 31. Dezember 20xx

Bilanz der Bruno Gelato GmbH zum 31. Dezember 20xx (Vorjahr)

Aktiva			Passiva		
A. Anlagevermögen			**A. Eigenkapital**		
I. Immaterielle Vermögensgegenstände			I. Stammkapital	410.000,00 EUR	
1. Konzessionen, gewerbliche Schutzrechte u. Ä.		15.000,00 EUR	II. Gewinnvortrag	15.000,00 EUR	
II. Sachanlagen			III. Jahresüberschuss	389.926,00 EUR	814.926,00 EUR
1. Grundstücke und Bauten	942.300,00 EUR		**B. Rückstellungen**		
2. Techn. Anl. und Maschinen	617.843,00 EUR		1. Rückstellungen für Pensionen und ähnliche Verpflichtungen	83.000,00 EUR	
3. Andere Anlagen und BGA	126.350,00 EUR		2. Steuerrückstellungen	12.130,00 EUR	95.130,00 EUR
4. Fuhrpark	64.300,00 EUR	1.750.793,00 EUR	**C. Verbindlichkeiten**		
III. Finanzanlagen			1. Verbindlichkeiten gegenüber Kreditinstituten[1]	2.100.000,00 EUR	
1. Wertpapierbestände / Beteiligungen		56.000,00 EUR	2. Verbindlichkeiten aus Lieferungen und Leistungen	97.000,00 EUR	
B. Umlaufvermögen			3. Sonstige Verbindlichkeiten	72.430,00 EUR	2.269.430,00 EUR
I. Vorräte			**D. Rechnungsabgrenzungsposten**		
1. Roh-, Hilfs- und Betriebsstoffe	135.420,00 EUR		1. Sonstige		511,00 EUR
2. Unfertige Erzeugnisse	21.400,00 EUR				
3. Fertige Erzeugnisse und Waren	415.600,00 EUR				
4. Handelswaren	71.234,00 EUR	643.654,00 EUR			
II. Forderungen und sonstige Vermögensgegenstände					
1. Forderungen aus Lieferungen und Leistungen		626.023,00 EUR			
III. Wertpapiere					
1. Sonstige Wertpapiere		21.000,00 EUR			
IV. Schecks, Kassenbestand, Bankguthaben		64.230,00 EUR			
C. Rechnungsabgrenzungsposten					
1. Sonstige		3.297,00 EUR			
		3.179.997,00 EUR			**3.179.997,00 EUR**

1 Verbindlichkeiten gegenüber Kreditinstituten sind langfristige Verbindlichkeiten.

Modell-unternehmen

KLR: EINSTIEG

Abgrenzung

BAB

Maschinen-stunden

Prozess-kosten

Investition

Finanzierung

Musterklausur

Modell-unternehmen

KLR: EINSTIEG

Abgrenzung

BAB

Maschinen-stunden

Prozess-kosten

Investition

Finanzierung

Musterklausur

Gewinn- und Verlustrechnung der Bruno Gelato GmbH für den Monat Juli 20xx

 **8**

GuV-Rechnung der Bruno Gelato GmbH in Staffelform nach dem Gesamtkostenverfahren, Juli 20xx

1.	Umsatzerlöse		373.498,00 EUR
2.	Erhöhung oder Verminderung des Bestandes an fertigen und unfertigen Erzeugnissen		16.667,00 EUR
3.	Andere aktivierte Eigenleistungen		2.300,00 EUR
4.	Sonstige betriebliche Erträge[1]		1.550,00 EUR
5.	Materialaufwand		– 102.867,00 EUR
	davon Rohstoffaufwand	– 68.578,00 EUR	
	Hilfsstoffaufwand	– 11.429,67 EUR	
	Betriebsstoffaufwand	– 22.859,33 EUR	
6.	Personalaufwand		– 128.116,89 EUR
	a) Löhne und Gehälter[1]	– 94.901,40 EUR	
	b) soziale Abgaben u. Ä.	– 33.215,49 EUR	
7.	Abschreibungen auf Sachanlagen		– 11.378,00 EUR
8.	Sonstige betriebliche Aufwendungen[1]		– 43.425,00 EUR
9.	Erträge aus Beteiligungen		
10.	Erträge aus anderen Wertpapieren und Ausleihungen		
11.	Sonstige Zinsen und ähnliche Erträge		
12.	Abschreibungen auf Finanzanlagen und auf Wertpapiere des Umlaufvermögens		– 12.437,00 EUR
13.	Zinsen und ähnliche Aufwendungen		– 3.619,00 EUR
14.	**Ergebnis der gewöhnlichen Geschäftstätigkeit**		**92.172,11 EUR**
15.	Außerordentliche Erträge		13.255,00 EUR
16.	Außerordentliche Aufwendungen		– 21.435,00 EUR
17.	**Außerordentliches Ergebnis**		**– 8.180,00 EUR**
	Ergebnis vor Ertragsteuern		**83.992,11 EUR**
18.	Steuern vom Einkommen und vom Ertrag[2]		– 20.998,03 EUR
19.	Sonstige Steuern[2]		– 1.375,00 EUR
20.	**Monatsüberschuss**		**61.619,08 EUR**

---

1 Nähere Erläuterungen siehe AB 1.1, S. 28.

2 **Posten 18** und **19** in der **Ergebnistabelle** nicht berücksichtigen!

Zu 18: Dies sind die **Körperschaftsteuervorauszahlungen** und der **Solidaritätszuschlag** (Kto. 7710). Zur Ermittlung des *steuerpflichtigen Gewinns* müssen diese Beträge außerhalb der Buchführung und damit auch außerhalb des Rechnungskreises I zu dem in der Tabelle ermittelten Gesamtergebnis addiert werden.

Zu 19: Hiermit sind die **Aufwandssteuern (Betriebsteuern)** (Kto. 70/77) gemeint.

Modell-
unternehmen

KLR:
EINSTIEG

Abgrenzung

BAB

Maschinen-
stunden

Prozess-
kosten

Investition

Finanzierung

Musterklausur

Bilanz der Deli Eis GmbH

Ausgangslage

Die Deli Eis GmbH ist ein mittelständisches Unternehmen mit 52 Mitarbeitern. Geschäftsführer ist der Firmengründer Klaus Kluge. In den letzten zehn Jahren hat es, abgesehen von Ersatzinvestitionen, kaum Veränderungen gegeben. Seine Tochter Frauke Kluge ist nach ihrem Studium vor zwei Jahren in das Unternehmen eingestiegen. Sie hat mit viel Einsatz und neuen Ideen für Veränderungen gesorgt. So wurde im Vorjahr eine Investitionen in eine neue Produktionsstraße für die Herstellung von Bio-Eis vorgenommen. Für eine weitere Expansion ist sie bereit, die wirtschaftliche und rechtliche Selbstständigkeit des Unternehmens aufzugeben. In diesem Zusammenhang hat es Gespräche mit der Bruno Gelato GmbH gegeben. Folgende Informationen stehen aus diesen Gesprächen zur Verfügung:

Bilanz

Aktiva	Bilanz der Deli Eis GmbH zum 31.12.20xx		Passiva
A. Anlagevermögen		**A. Eigenkapital**	
I. Immaterielle Vermögensgegenst.	55.000,00 EUR	*I. Gezeichnetes Kapital*	1.250.000,00 EUR
II. Sachanlagen		*II. Kapitalrücklage*	420.657,00 EUR
1. Grundstücke und Bauten	1.301.245,00 EUR	*III. Gewinnrücklagen*	1.560.000,00 EUR
2. Techn. Anl. und Maschinen	720.000,00 EUR	*IV. Gewinnvortrag*	425.000,00 EUR
3. Andere Anlagen und BGA	320.456,00 EUR	*V. Jahresüberschuss*	– 65.850,00 EUR
III. Finanzanlagen			
1. Anteile an verb. Unternehmen	550.000,00 EUR	**B. Rückstellungen**	
2. Wertpapiere des AV	15.000,00 EUR	1. Rückstellungen für Pensionen	986.555,00 EUR
		2. Steuerrückstellungen	234.213,00 EUR
B. Umlaufvermögen		3. Sonstige Rückstellungen	87.500,00 EUR
I. Vorräte			
1. Roh-, Hilfs- und Betriebsstoffe	855.600,00 EUR	**C. Verbindlichkeiten**	
2. Unfertige Erzeugnisse	225.000,00 EUR	1. Verb. geg. Kreditinstituten[1]	1.342.450,00 EUR
3. Fertige Erzeugnisse	480.000,00 EUR	2. Verb. a. Lief. u. Leist.	835.785,00 EUR
II. Ford. und sonstige Verm.-Geg.			
1. Forderungen a. Lief. u. Leist.	1.245.000,00 EUR	**D. Rechnungsabgrenzungsposten**	
III. Flüssige Mittel	1.356.000,00 EUR	1. Sonstige	171.991,00 EUR
C. Rechnungsabgrenzungsposten			
1. Sonstige	125.000,00 EUR		
	7.248.301,00 EUR		7.248.301,00 EUR

---

1 Verbindlichkeiten gegenüber Kreditinstituten sind langfristige Verbindlichkeiten.

Angaben für die Ergebnisrechnung der Deli Eis GmbH

Angaben für die Ergebnisrechnung

Erfolgsbereich der Finanzbuchhaltung der Deli Eis GmbH		
Konto	Aufwendungen	Erträge
Umsatzerlöse		8.480.000,00 EUR
Bestandsveränderungen an fertigen Erzeugnissen		120.000,00 EUR
Mieterträge		5.000,00 EUR
Erträge aus dem Abgang von Vermögensgegenständen		10.000,00 EUR
Erträge aus der Herabsetzung von Rückstellungen		13.000,00 EUR
Zinserträge		35.000,00 EUR
Aufwendungen für Rohstoffe	3.662.750,00 EUR	
Aufwendungen für Hilfsstoffe	1.046.500,00 EUR	
Aufwendungen für Betriebsstoffe	523.250,00 EUR	
Löhne	1.132.560,00 EUR	
Gehälter	478.230,00 EUR	
Soziale Abgaben	556.000,00 EUR	
Abschreibungen[1]	615.000,00 EUR	
Büromaterial	98.000,00 EUR	
Werbung	350.000,00 EUR	
Verluste aus dem Abgang von Vermögensgegenständen	60.000,00 EUR	
Betriebsteuern	142.560,00 EUR	
Verluste aus dem Abgang von Wertpapieren des UV	12.000,00 EUR	
Zinsaufwendungen[2]	40.000,00 EUR	
außerordentliche Aufwendungen	12.000,00 EUR	

Wichtige Vorgänge des letzten Jahres

➤ Es wurde die Mehrheit an dem italienischen Unternehmen „Luiggi Eis aus Mailand" erworben. Dieses Unternehmen mit eigenen Anbaugebieten stellt Bio-Eis nach alten italienischen Rezepten mit 100 % biologischen Rohstoffen her. Es gibt Eis aus Ziegen-, Schafs- und Wasserbüffelmilch, ohne Kristallzucker und Zuckerersatzstoffe, mit Molkeeiweiß angereichert, mit probiotischem Ballaststoff und mit lactosefreier Milch.

➤ Im Vorjahr erfolgten Investitionen in eine neue Produktionsstraße für die Herstellung von Bio-Eis. Die neue Produktionsstraße verursacht deutlich weniger Fixkosten, infolgedessen die Unternehmensfixkosten voraussichtlich um 12 % gegenüber dem Vorjahreswert sinken.

➤ Die zweijährige Werbekampagne für das Bio-Eis ist ausgelaufen, der Erfolg des neuen Eises hat alle Erwartungen übertroffen.

➤ Eine Anschlusswerbekampagne soll die Präsenz festigen und ausbauen.

---

1 Teil der Abschreibungen, der sich auf eine vermietete Halle bezieht: 88.000,00 EUR; kalkulatorische Abschreibungen 275.000,00 EUR.

2 Kalkulatorische Zinsen 80.000,00 EUR.

Bilanz der Eismaschinen GmbH

Ausgangslage

Die Eismaschinen GmbH ist ein mittelständisches Unternehmen mit 40 Mitarbeitern. Geschäftsführer ist der Firmengründer Heinz Klammann. Er hat keine Kinder und möchte sich in den nächsten zwei Jahren zurückziehen. Deshalb will Herr Klammann das Unternehmen durch Verkauf von Anteilen schrittweise veräußern. In diesem Zusammenhang hat es Gespräche mit der Bruno Gelato GmbH gegeben. Folgende Informationen stehen aus diesen Gesprächen zur Verfügung:

Bilanz

Aktiva	Bilanz der Eismaschinen GmbH zum 31.12.20xx		Passiva
A. Anlagevermögen		**A. Eigenkapital**	
I. Immaterielle Vermögensgegenst.		*I. Gezeichnetes Kapital*	1.180.000,00 EUR
1. Lizenzen / Patente	475.000,00 EUR	*II. Kapitalrücklage*	380.855,00 EUR
II. Sachanlagen		*III. Gewinnrücklagen*	1.755.346,00 EUR
1. Grundstücke und Bauten	1.475.000,00 EUR	*IV. Gewinnvortrag*	180.000,00 EUR
2. Techn. Anl. und Maschinen	660.000,00 EUR	*V. Jahresüberschuss*	256.810,00 EUR
3. Andere Anlagen und BGA	314.800,00 EUR		
III. Finanzanlagen		**B. Rückstellungen**	
1. Wertpapiere des AV	20.000,00 EUR	1. Rückstellungen für Pensionen	666.412,00 EUR
		2. Steuerrückstellungen	186.230,00 EUR
B. Umlaufvermögen		3. Sonstige Rückstellungen	40.000,00 EUR
I. Vorräte			
1. Roh-, Hilfs- und Betriebsstoffe	938.400,00 EUR	**C. Verbindlichkeiten**	
2. Unfertige Erzeugnisse	375.000,00 EUR	1. Verb. geg. Kreditinstituten[1]	1.365.000,00 EUR
3. Fertige Erzeugnisse	650.618,00 EUR	2. Verb. a. Lief. u. Leist.	850.462,00 EUR
II. Ford. und sonstige Verm.-Geg.			
1. Forderungen a. Lief. u. Leist.	942.567,00 EUR	**D. Rechnungsabgrenzungsposten**	
III. Flüssige Mittel	843.000,00 EUR	1. Sonstige	160.270,00 EUR
C. Rechnungsabgrenzungsposten			
1. Sonstige	327.000,00 EUR		
	7.021.385,00 EUR		**7.021.385,00 EUR**

---

1 Verbindlichkeiten gegenüber Kreditinstituten sind langfristige Verbindlichkeiten.

© MERKUR VERLAG RINTELN – Korte

4 Korte · ISBN 978-3-8120-1028-3

 **12**

Angaben für die Ergebnisrechnung

Erfolgsbereich der Finanzbuchhaltung der Eismaschinen GmbH		
Konto	**Aufwendungen**	**Erträge**
Umsatzerlöse		9.612.500,00 EUR
Bestandsveränderungen an fertigen Erzeugnissen		80.000,00 EUR
Mieterträge		120.000,00 EUR
Erträge aus dem Abgang von Vermögensgegenständen		360.000,00 EUR
Erträge aus der Herabsetzung von Rückstellungen		250.000,00 EUR
Zinserträge		25.000,00 EUR
Aufwendungen für Rohstoffe	4.751.250,00 EUR	
Aufwendungen für Hilfsstoffe	1.357.500,00 EUR	
Aufwendungen für Betriebsstoffe	678.750,00 EUR	
Löhne	1.056.000,00 EUR	
Gehälter	528.000,00 EUR	
Soziale Abgaben	576.000,00 EUR	
Abschreibungen[1]	617.000,00 EUR	
Büromaterial	100.000,00 EUR	
Werbung	250.000,00 EUR	
Verluste aus dem Abgang von Vermögensgegenständen	20.000,00 EUR	
Betriebsteuern	146.190,00 EUR	
Verluste aus dem Abgang von Wertpapieren des UV	20.000,00 EUR	
Zinsaufwendungen[2]	60.000,00 EUR	
außerordentliche Aufwendungen	30.000,00 EUR	

Wichtige Vorgänge des letzten Jahres

➤ Die Auslieferung der Waren wird nicht mehr durch den eigenen Fuhrpark vorgenommen. Der Fuhrpark wurde verkauft, die Auslieferung wurde an eine Spedition vergeben.

➤ Zu Beginn des Patents „Eismixmaschine" gab es einen Rechtsstreit. Die Klage wurde abgewiesen. Für den Prozess war eine Rückstellung gebildet worden.

➤ Die Hotelkette „Intercon", ein wichtiger Großkunde, steht vor einer Übernahme durch „Easylife". Easylife ist Großkunde der Deli Eis GmbH.

---

1 Teil der Abschreibungen, der sich auf eine vermietete Halle bezieht: 28.000,00 EUR; kalkulatorische Abschreibungen 265.000,00 EUR.

2 Kalkulatorische Zinsen 70.000,00 EUR.

Wandplakat der Gruppen:
die Unternehmen im Vergleich

	Bruno Gelato GmbH	Deli Eis GmbH	Eismaschinen GmbH
Daten			
Aussichten / Ergebnisse			
Zukunft			
Besonderheit			

Modellunternehmen

KLR: EINSTIEG

Abgrenzung

BAB

Maschinenstunden

Prozesskosten

Investition

Finanzierung

Musterklausur

Modell-unternehmen

KLR: Einstieg

ABGRENZUNG

BAB

Maschinen-stunden

Prozess-kosten

Investition

Finanzierung

Musterklausur

„Jeder Anfang ist schwer ..." – Abgrenzungsrechnung

Ausgangssituation

Um den Gewinnvergleich durch Analyse der Ergebnistabellen auf der Sitzung am 25. 09. 20xx der Geschäftsleitung vorzustellen, muss Herr Braams zuerst für das eigene Unternehmen eine Ergebnistabelle erstellen. Da die Bruno Gelato GmbH bis jetzt über keine Kosten- und Leistungsrechnung verfügt,[1] müssen zuerst einige Zahlen aufbereitet werden. Die Geschäftsleitung interessiert sich mehr für die Kosten und Leistungen und weniger für das „Drum und Dran". „Langfristig erfolgreich und damit *gesund* ist ein Unternehmen nur dann, wenn der eigentliche Betriebszweck zum Erfolg führt". Diesen Satz hat Herr Braams schon oft von Herrn Lucchetta gehört.

Zusammen mit seiner Auszubildenden Birgit Hermsen, die sich gerade in der Berufsschule mit der Kosten- und Leistungsrechnung beschäftigen muss, lassen sie sich die Aufwendungen und Erträge vom Juli 20xx[2] durch die kaufmännische Mitarbeiterin Frau Flügge geben. Bevor nun die eigentliche Aufgabe beginnt, bittet Herr Braams Birgit, sich kurz über den technischen Ablauf und das eigentliche Ziel der Abgrenzungsrechnung zu informieren. Für den Nachmittag verabreden sich beide, um dann gemeinsam die Abgrenzungsrechnung durchzuführen.

Arbeitsauftrag

1.1.1 Informieren Sie sich stellvertretend für Birgit Hermsen über den abrechnungstechnischen Ablauf und das Ziel der Abgrenzungsrechnung.[3]

1.1.2 Werten Sie zuerst im Plenum die GuV-Rechnung der Bruno Gelato GmbH vom Juli 20xx (siehe IB 8) in Form einer Ergebnistabelle ohne kostenrechnerische Korrekturen (siehe PB 2) aus.

Klären Sie in diesem Zusammenhang folgende Inhalte:

➢ Untersuchen Sie die *Aufwendungen* und prüfen Sie diese auf ihre betriebliche Relevanz.

➢ Untersuchen Sie anschließend die *Erträge* und prüfen Sie diese auf ihre betriebliche Relevanz.

Zur Unterstützung Ihrer Arbeit sollen einige *Anmerkungen* zu verschiedenen Posten der GuV-Rechnung dienen:

Zu Posten 4: Sonstige betriebliche Erträge bestehen aus:	
Mieterträge	310,00 EUR
Erträge aus dem Abgang von Vermögensgegenständen	413,33 EUR
Erträge aus der Herabsetzung von Rückstellungen	206,67 EUR
Zinserträge	620,00 EUR

Zu Posten 6: Die Aufwendungen für Löhne und Gehälter bestehen aus:	
Löhne	– 56.940,84 EUR
Gehälter	– 37.960,56 EUR

Zu Posten 8: Sonstige betriebliche Aufwendungen bestehen aus:	
Büromaterial	– 2.714,06 EUR
Werbung	– 16.284,38 EUR
Verluste aus dem Abgang von Vermögensgegenständen	– 10.856,25 EUR
Verluste aus Schadensfällen	– 5.428,12 EUR
Versicherungen	– 8.142,19 EUR

---

1 Daten wurden aus redaktionellen Gründen geändert.

2 Siehe IB 8, S. 20.

3 Z. B. Speth (Hrsg.): Betriebswirtschaft mit Rechnungswesen/Controlling, Band 2, 4. Auflage, Merkur Verlag, Rinteln 2010, S. 13ff.

Ergebnistabelle der Bruno Gelato GmbH vom Juli 20xx (ohne kostenrechnerische Korrekturen)

PB 2

Ergebnistabelle der Bruno Gelato GmbH vom Juli 20xx (ohne kostenrechnerische Korrekturen)

Konto-Nr.	Konto	Erfolgsbereich (Rechnungskreis I)		Abgrenzungsbereich (Rechnungskreis II)		KLR-Bereich	
		Aufwendungen	Erträge	neutrale Aufwendungen	neutrale Erträge	Kosten	Leistungen
5000	Umsatzerlöse		373.498,00 EUR				
5202	Bestandsveränderungen an fert. Erzeugn.		16.667,00 EUR				
5300	Andere aktivierte Eigenleistungen		2.300,00 EUR				
5400	Mieterträge		310,00 EUR				
5460	Erträge a. d. Abg. v. Vermögensgegenst.		413,33 EUR				
5480	Erträge a. d. Herabs. v. Rückstellungen		206,67 EUR				
5710	Zinserträge		620,00 EUR				
5800	Außerordentliche Erträge		13.255,00 EUR				
6000	Aufwendungen für Rohstoffe	68.578,00 EUR					
6020	Aufwendungen für Hilfsstoffe	11.429,67 EUR					
6030	Aufwendungen für Betriebsstoffe	22.859,33 EUR					
6200	Löhne	56.940,84 EUR					
6300	Gehälter	37.960,56 EUR					
6400	Soziale Abgaben	33.215,49 EUR					
6520	Abschreibungen	11.378,00 EUR					
6800	Büromaterial	2.714,06 EUR					
6870	Werbung	16.284,38 EUR					
6900	Versicherungen	8.142,19 EUR					
6930	Verluste aus Schadensfällen	5.428,12 EUR					
6960	Verluste a. d. Abg. v. Vermögensgegenst.	10.856,25 EUR					
7460	Verluste a. d. Abg. v. Wertpapieren d. UV	12.437,00 EUR					
7510	Zinsaufwendungen	3.619,00 EUR					
7600	Außerordentliche Aufwendungen	21.435,00 EUR					
	Summen	323.277,89 EUR	407.270,00 EUR				
	Salden	83.992,11 EUR	–				

Modell-
unternehmen

KLR:
Einstig

ABGRENZUNG

BAB

Maschinen-
stunden

Prozess-
kosten

Investition

Finanzierung

Musterklausur

Kontrollrechnung für die Ergebnistabelle:

1. Gesamtergebnis im RK I			EUR
2. Ergebnis aus unternehmensbez. Abgrenzung	EUR		
3. Ergebnis aus kostenrechnerischen Korrekturen			
4. Betriebsergebnis	EUR		
5. Gesamtergebnis im RK II			EUR

Bewertung:

_____

_____

_____

_____

_____

_____

_____

_____

_____

_____

_____

_____

_____

_____

_____

_____

_____

_____

Kalkulatorische Abschreibungen[1]

Modell-unternehmen

KLR: Einstieg

ABGRENZUNG

BAB

Maschinen-stunden

Prozess-kosten

Investition

Finanzierung

Musterklausur

Ausgangssituation

Birgit freut sich schon darüber, dass sie die Technik der Abgrenzungsrechnung so schnell verstanden hat. Frau Flügge hatte ihr noch am Morgen prophezeit, dass sie nun in ein enorm schwieriges Gebiet der Kosten- und Leistungsrechnung eindringt. Nach dem Gespräch mit Herrn Braams kehrt bei Birgit allerdings Ernüchterung ein, da sie von ihrem Chef erfahren hat, dass es sich bei der durchgeführten Abgrenzungsrechnung nur um den ersten Schritt zur Erstellung einer Ergebnistabelle handelt. Kalkulatorische Kosten, die in jeder Abgrenzungsrechnung vorkommen, haben bisher komplett gefehlt. Nachdem auch die Daten für die kalkulatorischen Kosten vorliegen, ist für den nächsten Vormittag die Ergänzung der bisherigen Ergebnistabelle vorgesehen.

Herr Braams erklärt, dass bei der Bruno Gelato GmbH die Sachanlagen unter Ausschöpfung der steuerlichen Möglichkeiten derart abgeschrieben werden, dass der steuerliche Gewinn möglichst niedrig ist. Durch die Abschreibung vom Anschaffungswert hat man am Ende der steuerlichen Nutzungsdauer den ursprünglichen Anschaffungspreis eines Anlagegutes von Steuern befreit bzw. „gespart". Dies ist für die Kostenrechnung ein Problem, denn diese ist nicht nur an möglichst gleichen Beträgen für die Kalkulation interessiert, sondern auch daran, den Werteverzehr so zu erfassen, das der Betrieb langfristig erhalten bleibt. Ein Auto beispielsweise hat sich deshalb erst dann rentiert, wenn es nicht nur das ursprünglich für sich ausgegebene Kapital wieder eingebracht hat, sondern durch das Auto auch ausreichend Geld verdient wurde, um z. B. nach 5 Jahren ein neues Auto zu kaufen (meist teurer, weil verändertes Modell, neue Technik usw.). Dieses Problem sollen folgende Arbeitsaufträge verdeutlichen.

Arbeitsauftrag

Im Anlagevermögen der Bruno Gelato GmbH befindet sich eine Produktionsmaschine mit Anschaffungskosten (AK) von 200.000,00 EUR und einer Nutzungsdauer (ND) von 8 Jahren.[2]

1.2.1 In der Finanzbuchhaltung der Bruno Gelato GmbH wird die zu Jahresbeginn angeschaffte Maschine mit einem degressiven Abschreibungssatz von 25 % abgeschrieben. Auch soll von der Möglichkeit Gebrauch gemacht werden, zum betriebswirtschaftlich günstigsten Zeitpunkt zur linearen Abschreibung zu wechseln.

Ermitteln Sie die Abschreibungsbeträge für

➢ einen Monat des 1. Nutzungsjahres und

➢ einen Monat des 8. Nutzungsjahres.

1.2.2 Die o. a. Maschine wird nach Ablauf der Nutzungsdauer, wenn eine Ersatzinvestition notwendig wird, teurer sein. Die Kostenrechnung erwartet eine jährliche Teuerungsrate von 2,5 %.

Berechnen Sie den Wiederbeschaffungswert (WBW).

(Zinseszinsformel zur Ermittlung des WBW: $Kapital \cdot \left(1 + \dfrac{p}{100}\right)^n$)

1.2.3 Wie kann sichergestellt werden, dass in der Kostenrechnung gleichmäßig Beträge zur Verrechnung kommen und nach Ablauf der Nutzungsdauer über die Abschreibungsrückflüsse die dann teurere Maschine ersetzt werden kann?

1.2.4 Füllen Sie den auf der Folgeseite abgedruckten Ausschnitt der Ergebnistabelle für einen Monat des 1. Nutzungsjahres aus.

---

1 Vgl. z. B. Speth (Hrsg.), a. a. O., S. 23 f. und S. 138 ff.

2 Vgl. Kosten- und Leistungsrechnung, Arbeitsergebnisse von F. J. Lanfermann, E. Möllers 2003 und R. Anweiler 2008.

1.2

Modell-unternehmen

KLR: Einstieg

ABGRENZUNG

BAB

Maschinen-stunden

Prozess-kosten

Investition

Finanzierung

Musterklausur

1.2.5 Füllen Sie danach den nachfolgend abgedruckten Ausschnitt der Ergebnistabelle für einen Monat des 8. Nutzungsjahres aus.

1.2.6 Erläutern Sie die Unterschiede und überprüfen Sie die These: „Die Buchführung dient lediglich der *nominellen* Kapitalerhaltung und die Kostenrechnung der *realen* Kapitalerhaltung".

Ausschnitt für das **1. Nutzungsjahr:**

Ergebnistabelle

Finanzbuchhaltung (RK I)			Kosten- und Leistungsbereich (RK II)			
Gesamtergebnisrechnung der Finanzbuchhaltung			Abgrenzungsrechnung		Betriebsergebnisrechnung	
			kostenrechnerische Korrekturen			
Konto	Aufwendungen	Erträge	Aufwendungen laut FB	Kosten laut KLR	Kosten	Leistungen
5000		373.498,00 EUR				373.498,00
6520	4.167		4.167	2538	2538	
	369.331			1629	370960	
	373498	373498	4167	4167	373498	373498

Ausschnitt für das **8. Nutzungsjahr:**

Ergebnistabelle

Finanzbuchhaltung (RK I)			Kosten- und Leistungsbereich (RK II)			
Gesamtergebnisrechnung der Finanzbuchhaltung			Abgrenzungsrechnung		Betriebsergebnisrechnung	
			kostenrechnerische Korrekturen			
Konto	Aufwendungen	Erträge	Aufwendungen laut FB	Kosten laut KLR	Kosten	Leistungen
5000		373.498,00 EUR				373498
6520	1.318		1318	2538	2538	
	373498	"	"	"	"	"

Hinweis:

Die im GuV des Juli 20xx ausgewiesenen Abschreibungsbeträge werden in der Kostenrechnung aus den o. g. Gründen **mit 12.000,00 EUR** angesetzt.

Berücksichtigen Sie diese Information beim **AB 1.5**[1], wenn Sie die entsprechende Zeile in der Ergebnistabelle ausfüllen.

---

1 Siehe Ergebnistabelle, S. 40.

Kalkulatorische Zinsen

Ausgangssituation

Nachdem Birgit mit Unterstützung von Herrn Braams die kalkulatorischen Abschreibungen ermitteln konnte, wurden die Zahlenwerte in die Ergebnistabelle der Bruno Gelato GmbH eingetragen.

Herr Braams erklärt, dass sie nun die Zinsaufwendungen näher betrachten müssen.

In der Finanzbuchhaltung hat das Unternehmen die gezahlten Fremdkapitalzinsen mit **3.619,00 EUR** als Aufwand[1] ausgewiesen. Eine Übernahme der tatsächlichen Zinszahlungen in die Kosten- und Leistungsrechnung (KLR) ist nicht möglich, denn sie würde bei der unterschiedlichen Ausstattung der Unternehmen mit Fremdkapital zwischenbetriebliche (sog. externe) Vergleiche erschweren und gegen die Zielsetzung der „Normalität" der Kosten in der KLR verstoßen (Zinsen können stark schwanken!).

Daher werden in der KLR die Zinsen vom **betriebsnotwendigen Kapital** berechnet. Dies ist das gesamte Kapital, das für die betriebliche Leistungserstellung und -verwertung erforderlich ist. Es enthält folglich auch das Eigenkapital. Dafür werden zwar keine Zinsen gezahlt, es verursacht aber einen Nutzenentgang, denn das Kapital würde bei einer alternativen Kapitalanlage (z. B. bei einer Bank) auch Zinsen erzielen. Derartige Kostenansätze (z. B. für entgangene Sparzinsen) bezeichnet man auch als **Opportunitätskosten,** als Kosten einer entgangenen Gelegenheit (opportunity = Gelegenheit, Möglichkeit).

Zur Ermittlung des betriebsnotwendigen Kapitals dient folgendes Schema:

> **Betriebsnotwendiges Anlagevermögen**
> **+ Betriebsnotwendiges Umlaufvermögen**
> **= Betriebsnotwendiges Vermögen**
> **– Abzugskapital**
> **= Betriebsnotwendiges Kapital**

Was hör 'ich da? Geld ohne Zinsen?
Wovon soll ich dann leben?
Dann müsste ich ja arbeiten wie Sie! [2]

Dieses betriebsnotwendige Kapital wird kalkulatorisch verzinst, denn bei einer alternativen Geldanlage könnte es auch Zinsen erwirtschaften. Als Zinssatz für die Berechnung dieser Zinsen legt man z. B. den Kapitalmarktzins zugrunde.

Nachdem Birgit diese Informationen mit der Erklärung im Schulbuch[3] noch einmal vertieft hat, schlägt Herr Braams folgende **Vorgehensweise bei der Berechnung der kalkulatorischen Zinsen** vor:

Zunächst werden alle Vermögenspositionen auf ihre betriebliche Relevanz untersucht, d. h., dass alle nicht betriebsnotwendigen Vermögensteile des Anlage- und Umlaufvermögens, die zur Leistungserstellung und -verwertung nicht erforderlich sind, abgezogen werden.

Dabei trennt man die verbleibenden, betriebsnotwendigen Vermögensteile in

➤ nicht abnutzbare Vermögensgegenstände und
➤ abnutzbare Vermögensgegenstände.

Die nicht abnutzbaren Vermögensteile gehören mit ihren Bilanzansätzen zum betriebsnotwendigen Anlagevermögen.

Das abnutzbare Anlagevermögen kann nach der Restwert- bzw. der Durchschnittswertmethode ermittelt werden.

---

1 Vgl. GuV-Rechnung Juli 20xx, IB 8, S. 22.

2 Das Zitat ist einer Karikatur aus dem 19. Jahrhundert entnommen (Verfasser unbekannt).

3 Z. B. Speth (Hrsg.), a. a. O., S. 24.

5 Korte - ISBN 978-3-8120-1028-3

Modell-unternehmen

KLR: Einstieg

ABGRENZUNG

BAB

Maschinen-stunden

Prozess-kosten

Investition

Finanzierung

Musterklausur

Modell-unternehmen

KLR: Einstieg

ABGRENZUNG

BAB

Maschinen-stunden

Prozess-kosten

Investition

Finanzierung

Musterklausur

AB 1.3

Exkurs zu den zwei Durchschnittswertmethoden und der Restwertmethode zur Berechnung von kalkulatorischen Zinsen[1]

Die Methoden unterscheiden sich in der Ermittlung **des durchschnittlich gebundenen** und damit zu verzinsenden **Kapitals:**

➤ **Durchschnittswertmethode 1:** $\dfrac{\text{Anschaffungskosten}}{2}$

➤ **Durchschnittswertmethode 2:** $\dfrac{\text{Wiederbeschaffungswert}}{2}$

➤ **Restwertmethode:**

„Die kalkulatorischen Zinsen werden jeweils vom kalkulatorischen Restwert der Anlagegüter bewertet. Dabei setzt man als Vermögenswert im Allgemeinen den Durchschnitt der letzten Abrechnungsperiode an.

Liegen die Durchschnittsdaten nicht vor, kann man auch den **kalkulatorischen Restwert** am Ende der Geschäftsperiode nehmen."[2]

Beispiel:

Inventar Position	Technische Anlagen und Maschinen				**Anlagenkarte**
Bezeichnung	Stickstofftunnel				**Bruno Gelato GmbH**
Identifikation	747-40				Rhauderfehn
Zugang: 2010 – 01 – 01		Anschaffungswert: **100.000,00 EUR**			
Nutzungsdauer: n = **10 Jahre**		Abschreibungsverfahren: gleiche Jahresbeträge (linear)			
Buchungsdatum	**Beleg-Nr.**	**Buchungstext**	**+/–**	**Betrag**	**Restwert**
01. 01. 2010	ER 0221	Eingangsrechnung	+	100.000,00 EUR	100.000,00 EUR
31. 12. 2010	AB 9973	Wertminderung 2010	–	10.000,00 EUR	90.000,00 EUR
31. 12. 2011	AB 9957	Wertminderung 2011	–	10.000,00 EUR	80.000,00 EUR
usw.					

Durchschnittswertmethode 1: $\dfrac{100.000,00\ \text{EUR}}{2} = 50.000,00$ EUR sind durchschnittlich gebunden.

➤ Im ersten Jahr ist das gesamte Geld gebunden und am Ende nichts mehr, d. h. durchschnittlich ist die Hälfte des Wertes gebunden!

➤ Zinssatz, zu dem die Zinskosten angesetzt werden, sei z. B. 6 % = 3.000,00 EUR Zinskosten/Jahr für dieses Anlagegut „Stickstofftunnel".

Bei der Durchschnittswertmethode werden die Anschaffungs- bzw. Wiederbeschaffungskosten halbiert, denn zu Beginn der Nutzungsdauer ist der volle Wert, zum Ende kein Wert mehr vorhanden. Also kalkuliert man während der gesamten Abschreibungsdauer mit dem halben Wert. Dadurch ergeben sich gleichbleibende Beträge.

Bei der Bruno Gelato GmbH soll die **Restwertmethode** angewendet werden.

---

1 Vgl. Meffle, G., u. a.: Das Rechnungswesen der Unternehmung als Entscheidungsinstrument. Band 1, 3. Auflage, Fortis Verlag, Troisdorf 2002, S. 51 ff.

2 http://www.hs-coburg.de/fileadmin/fbbw/Diplom/gruen/klr/KLR_Studis_Teil2b.pdf, S. 51

Modell-unternehmen

KLR: Einstieg

ABGRENZUNG

BAB

Maschinen-stunden

Prozess-kosten

Investition

Finanzierung

Musterklausur

Arbeitsauftrag

1.3.1 Berechnen Sie die Zinskosten für das Anlagegut „Stickstofftunnel" nach der **Durchschnittswertmethode 2**. Gehen Sie dabei von einer jährlichen Preissteigerung von 2 % für Produktionsgüter aus, um den Wiederbeschaffungswert (WBW) zu ermitteln.

(Zinseszinsformel zur Ermittlung des WBW: $Kapital \cdot \left(1 + \frac{p}{100}\right)^{n}$)

Die kalkulatorischen Zinsen betragen .... EUR p. a.

Um die Restwertmethode korrekt anwenden zu können, müsste realistischerweise für jedes Anlagegut entsprechend seiner Nutzungsdauer der kalkulatorische Restwert ermittelt werden. Für die Bruno Gelato GmbH hat dies bereits Herr Flügge im ERP-System automatisiert. Birgit muss deshalb nur noch die vorhandenen Informationen auswerten und zusammenführen. Dabei hat sie u. a. die Abschlussbilanz 20xx[1] zu analysieren und einige **Anmerkungen** von Herrn Flügge zu den Bilanzwerten bzw. zum Anlagespiegel zu berücksichtigen:

> Die Konzessionen sind zur Aufrechterhaltung der Leistungserstellung und Leistungsverwertung erforderlich. Sie unterliegen **keiner** planmäßigen Abschreibung.

> Unter den Grundstücken befindet sich ein Grundstück für eventuelle spätere Erweiterungen, das zurzeit landwirtschaftlich genutzt wird (Buchwert 45.000,00 EUR). Die Bauten (Buchwert: 580.000,00 EUR) haben einen kalkulatorischen Restwert von 480.000,00 EUR. Die übrigen Grundstücke werden zu Anschaffungskosten angesetzt.

> Die technischen Anlagen und Maschinen weisen einen kalkulatorischen Restwert von 650.000,00 EUR auf.

> Bei den anderen Anlagen, BGA und Fuhrpark liegt der kalkulatorische Restwert bei 323.511,00 EUR.

> Wertpapiere und Beteiligungen sind **nicht** betriebsnotwendig.

Arbeitsauftrag

1.3.2 Sondern Sie das nicht betriebsnotwendige Anlagevermögen aus.

1.3.3 Teilen Sie das betriebsnotwendige Anlagevermögen auf in nicht abnutzbares und abnutzbares Anlagevermögen.

1.3.4 Berechnen Sie das betriebsnotwendige Anlagevermögen nach der Restwertmethode.

1.3.5 Auch die Bilanzansetzungen des Umlaufvermögens sind für die KLR ungeeignet, denn sie sind zu starken Zufallsschwankungen unterworfen. Die Posten des Umlaufvermögens setzt man zu kalkulatorischen Mittelwerten an, nachdem man sie zuvor ebenfalls auf ihre Betriebsnotwendigkeit untersucht hat.

Die Bilanzwerte der letzten zwei Jahre für **Roh-, Hilfs- und Betriebsstoffe,** für **unfertige und fertige Erzeugnisse** sowie für **Handelswaren** belaufen sich auf:

	Roh-, Hilfs- und Betriebsstoffe	unfertige Erzeugnisse	fertige Erzeugnisse/Waren	Handelswaren
zu Beginn	114.000,00 EUR	9.000,00 EUR	60.000,00 EUR	43.200,00 EUR
Vorjahr	98.827,54 EUR	11.600,00 EUR	53.858,79 EUR	39.650,00 EUR

---

1 Siehe IB 7, S. 21.

Modell-unternehmen

KLR:
Einstieg

ABGRENZUNG

BAB

Maschinen-stunden

Prozess-kosten

Investition

Finanzierung

Musterklausur

 **1.3**

Berechnen Sie die **Durchschnittswerte für die Vorräte aus den Werten der letzten drei Jahre**.

Werte	zu Beginn	Vorjahr	Berichtsjahr (siehe IB7)	Durchschnitt
RHB-Stoffe				
unfertige Erzeugnisse				
fertige Erzeugnisse				
Handelswaren				

1.3.6 Die Durchschnittswerte betragen für

➤ die Forderungen   419.000,00 EUR

➤ Schecks, Kasse und Bank   55.703,00 EUR

➤ die RA-Posten   3.297,00 EUR

Berechnen Sie das betriebsnotwendige Umlaufvermögen.

1.3.7 Das bisher untersuchte Vermögen ist finanziert mit Eigen- und Fremdkapital. Ein Teil des Fremdkapitals steht der Unternehmung zinslos zur Verfügung. Dies ist das **Abzugskapital.** Dazu gehören z. B. Lieferantenkredite[1], zinslose Darlehen, Rückstellungen und Anzahlungen von Kunden.

Die Pensionsrückstellungen und die passiven RAP stehen zinslos zur Verfügung sowie ein Teil der sonstigen Verbindlichkeiten **(64.886,10 EUR)**. Herr Flügge bittet Birgit in diesem Zusammenhang, auch folgende Berechnungen durchzuführen:

➤ das Abzugskapital,

➤ das betriebsnotwendige Kapital,

➤ die jährlichen kalkulatorischen Zinsen (Zinssatz 8 % p. a.),

➤ die monatlichen kalkulatorischen Zinsen für die Ergebnistabelle. Bringen Sie diesen Wert in die Ergebnistabelle ein.[2]

Ergebnistabelle

Finanzbuchhaltung (RK I)			Kosten- und Leistungsbereich (RK II)			
Gesamtergebnisrechnung der Finanzbuchhaltung			Abgrenzungsrechnung		Betriebsergebnisrechnung	
			kostenrechnerische Korrekturen			
Konto	Aufwendungen	Erträge	Aufwendungen laut FB	Kosten laut KLR	Kosten	Leistungen
5000		373.498,00 EUR				
7510	3.619,00 EUR					

---

1 In der Aufgabe nicht berücksichtigen.

2 Steuerrückstellungen sind nicht zinsfrei.

Modell-
unternehmen

KLR:
Einstieg

ABGRENZUNG

BAB

Maschinen-
stunden

Prozess-
kosten

Investition

Finanzierung

Musterklausur

Kalkulatorische Wagnisse

Ausgangssituation

Birgit war heilfroh, alle Zusammenhänge verstehen zu können. Mithilfe von Herrn Braams konnte sie die kalkulatorischen Zinsen korrekt ermitteln und die Werte in die Ergebnistabelle eintragen. Nun, dachte sie, kann endlich der Abschluss der Ergebnistabelle erfolgen. Aber da musste ihr Chef sie enttäuschen!

Frau Flügge, Einkaufsleiterin der Bruno Gelato GmbH, hatte auf der letzten Abteilungsleitersitzung berichtet, dass sich der Rohstoffaufwand[1] im Monat Juli um 3.000,00 EUR erhöht habe. Schuld daran seien in erster Linie verdorbene Bananen und abgelaufene Fruchtzusätze, deren Bedarf zuvor falsch eingeschätzt wurde. Frau Flügge fordert, diese Einzelwagnisse müssten aufgrund ihrer Höhe unbedingt bei der KLR berücksichtigt werden, um angemessene Preise kalkulieren zu können. Im Gegensatz zum **allgemeinen** Unternehmenswagnis, also das Unternehmerrisiko, das aufgrund der Vielzahl von zu treffenden Entscheidungen ohnehin mit dem Führen eines Unternehmens verbunden ist, handle es sich hier um ein Einzelwagnis, das kalkuliert werden kann.

„Sie sehen, liebe Birgit, dass nicht jede unternehmerische Entscheidung auch eine Gewinnchance für das Unternehmen darstellt, Entscheidungen sind immer mit Risiken verbunden." Birgit überlegt noch, worin sich allgemeines Unternehmerwagnis und Einzelwagnis unterscheiden, als Herr Braams auch schon von den unterschiedlichen Einzelwagnissen spricht:[2]

„Einzelwagnisse, das sind

➢ Beständewagnis, d. h. Wertminderung der Vorräte,

➢ Anlagewagnis, d. h. die außergewöhnliche Beschädigung der Anlagegüter,

➢ Gewährleistungswagnis, d. h. Garantieansprüche,

➢ Entwicklungswagnis, d. h. erfolglose Forschungs- und Entwicklungsarbeiten und

➢ Vertriebswagnis, d. h. Verlust durch Forderungsausfall.

Im Gegensatz zum allgemeinen Unternehmerwagnis sind Einzelwagnisse aufgrund von Erfahrungswerten kalkulierbar und deshalb in den meisten Fällen sogar versicherbar. Die für uns relevanten Einzelwagnisse haben wir bereits durch Versicherungen abgedeckt – allerdings nicht das Beständewagnis, die Versicherung war uns zu teuer. Daher müssen wir selbst einen durchschnittlichen Kostenansatz für unser Beständewagnis finden."

Die Berechnung durch Bezug auf eine **Bezugsgröße:**

Für jedes Wagnis wird auf Basis von Erfahrungen, Statistiken und Erwartungen ein **Wagnissatz** ermittelt, welcher dann zur Berechnung der **Wagniskosten** dient. Tritt ein Schadensfall ein, so werden weiterhin nur die entsprechenden kalkulatorischen Kosten verrechnet.

In den letzten fünf Jahren ergaben sich die folgenden Werte:

Jahr	Wert verbrauchter Rohstoffe	Wagnisverluste
Berichtsjahr 05	600.000,00 EUR	12.000,00 EUR
Berichtsjahr 04	550.000,00 EUR	10.000,00 EUR
Berichtsjahr 03	480.000,00 EUR	10.700,00 EUR
Berichtsjahr 02	20.000,00 EUR	10.000,00 EUR
Berichtsjahr 01	500.000,00 EUR	10.300,00 EUR

---

1   Vgl. IB 8: 68.578,00 EUR, S. 22.

2   Vgl. Meffle, a. a. O., S. 57 f.

1.4.1 Ermitteln Sie mithilfe der folgenden Formel den Wagniszuschlag für das Beständewagnis aus den Vergangenheitswerten der letzten 5 Jahre.

1.4.2 In welcher Höhe sind Wagniskosten in die KLR des Monats Juli zu übernehmen, wenn man den monatlichen Durchschnittsverbrauch aus dem abgelaufenen Geschäftsjahr (Berichtsjahr 05) zugrunde legt?

$$\text{Wagniszuschlag} = \frac{\text{Summe der Wagnisverluste} \cdot 100}{\text{Wert verbrauchter Rohstoffe}}$$

1.4.3 Welche Wagnisverluste können während einer Abrechnungsperiode auftreten und wie werden sie erfasst? Recherchieren Sie im Internet.

1.4.4 In welcher Höhe liegen Anderskosten vor? Wie hoch ist die kostenrechnerische Korrektur?

Ergebnistabelle

Finanzbuchhaltung (RK I)			Kosten- und Leistungsbereich (RK II)			
Gesamtergebnisrechnung der Finanzbuchhaltung			Abgrenzungsrechnung		Betriebsergebnisrechnung	
			kostenrechnerische Korrekturen			
Konto	Aufwendungen	Erträge	Aufwendungen laut FB	Kosten laut KLR	Kosten	Leistungen
5000		373.498,00 EUR				
6930	5.428,12 EUR[1]					

---

1 Siehe Ergebnistabelle PB 2, Verluste aus Schadensfällen, S. 29.

Modell-unternehmen

KLR: Einstieg

ABGRENZUNG

BAB

Maschinen-stunden

Prozess-kosten

Investition

Finanzierung

Musterklausur

Ergebnistabellen mit kostenrechnerischen Korrekturen

Ihnen liegen die Ergebnistabellen

➢ der **Bruno Gelato GmbH** für den August 20xx (**Gruppe 1**, PB 3),

➢ der **Deli Eis GmbH** (**Gruppe 2**, PB 4) und

➢ der **Eismaschinen GmbH** (**Gruppe 3**, PB 5)

vor.

Zudem haben Sie die Situationen 1.2, 1.3 und 1.4 bearbeitet.

Arbeitsauftrag

1.5.1 Addieren Sie für das jeweilige Unternehmen die Spalten der Ergebnistabelle, bilden Sie die Salden und ermitteln Sie so

➢ das Gesamtergebnis (GE) als Saldo der 1. und 2. Spalte,

➢ das neutrale Ergebnis (NE) als Saldo der 3., 4., 5. und 6. Spalte,

➢ das Betriebsergebnis (BE) als Saldo der 7. und 8. Spalte,

➢ den steuerpflichtigen Gewinn.

1.5.2 Stimmen Sie die Ergebnisse der Rechnungskreise I und II ab.

1.5.3 Berechnen Sie die Wirtschaftlichkeit (Die Wirtschaftlichkeit liegt in der Branche bei 1,08).

1.5.4 Werten Sie Ihre Ergebnisse aus und präsentieren Sie Ihre Ergebnisse. Bewerten Sie die Unternehmen auch im Hinblick auf die Ausgangssituation. Machen Sie der Geschäftsleitung einen begründeten Vorschlag zur weiteren Vorgehensweise.

Hinweis für Gruppe 1 (Bruno Gelato GmbH):

Beachten Sie, dass sich die übrigen kalkulatorischen Kosten für den Monat August im Vergleich zum vorangegangenen Monat **nicht** verändert haben. Dies betrifft:

➢ die Situation aus AB 1.2: Kalkulatorische Abschreibungen,[1]

➢ die Situation aus AB 1.3: Kalkulatorische Zinsen,

➢ die Situation aus AB 1.4: Kalkulatorische Wagnisse.

Hinweis für Gruppe 2 (Deli Eis GmbH):

➢ Der Teil der Abschreibung, der sich auf eine vermietete Halle bezieht, beträgt 88.000,00 EUR.

➢ Die kalkulatorischen Abschreibungen betragen 275.000,00 EUR.

➢ Die kalkulatorischen Zinsen betragen 80.000,00 EUR.

Hinweis für Gruppe 3 (Eismaschinen GmbH):

➢ Der Teil der Abschreibung, der sich auf eine vermietete Halle bezieht, beträgt 28.000,00 EUR.

➢ Die kalkulatorischen Abschreibungen betragen 265.000,00 EUR.

➢ Die kalkulatorischen Zinsen betragen 70.000,00 EUR.

---

1 **Bitte beachten:** In AB 1.2 erfolgte die Berechnung des Abschreibungsbetrags exemplarisch für **eine** Maschine. Die **gesamten** Abschreibungsbeträge werden in der Kostenrechnung mit 12.000,00 EUR angesetzt.

Ergebnistabelle der Bruno Gelato GmbH vom August 20xx (mit kostenrechnerischen Korrekturen)

PB 3

Ergebnistabelle der Bruno Gelato GmbH vom August 20xx (mit kostenrechnerischen Korrekturen)

Konto-Nr.	Konto	Erfolgsbereich der Bruno Gelato GmbH (Rechnungskreis I)		Abgrenzungsbereich (Rechnungskreis II)				KLR-Bereich	
				Abgrenzung – unternehmensbez. Abgrenzung		kostenrechnerische Korrekturen			
		Aufwendungen	Erträge	neutr. Aufw.	neutr. Erträge	betriebl. Aufw.	verrech. Kosten	Kosten	Leistungen
5000	Umsatzerlöse		412.000,00 EUR						
5202	Bestandsveränd. an fert. Erzeugn.		3.200,00 EUR						
5300	Andere aktivierte Eigenleistungen		2.100,00 EUR						
5400	Mieterträge		460,00 EUR						
5460	Erträge a. d. Abg. v. Verm.-Gegenst.		613,33 EUR						
5480	Erträge a. d. Herabs. v. Rückstell.		306,67 EUR						
5710	Zinserträge		920,00 EUR						
5800	Außerordentliche Erträge		2.000,00 EUR						
6000	Aufwendungen für Rohstoffe	89.010,67 EUR							
6020	Aufwendungen für Hilfsstoffe	14.835,11 EUR							
6030	Aufwendungen für Betriebsstoffe	29.670,22 EUR							
6200	Löhne	56.940,84 EUR							
6300	Gehälter	37.960,56 EUR							
6400	Soziale Abgaben	33.215,49 EUR							
6520	Abschreibungen	11.378,00 EUR							
6800	Büromaterial	2.681,00 EUR							
6870	Werbung	16.086,00 EUR							
6900	Versicherungen	8.043,00 EUR							
6930	Verluste aus Schadensfällen	5.362,00 EUR							
6960	Verluste a. d. Abg. v. Verm.-Gegenst.	10.724,00 EUR							
7460	Verluste a. d. Abg. v. WP d. UV								
7510	Zinsaufwendungen	3.619,00 EUR							
7600	Außerordentliche Aufwendungen	20.990,00 EUR							
	Summen	340.515,89 EUR	421.600,00 EUR						
	Salden	81.084,11 EUR							

40

Modell-unternehmen

KLR: Einstieg

ABGRENZUNG

BAB

Maschinen-stunden

Prozess-kosten

Investition

Finanzierung

Musterklausur

Kontrollrechnung für die Ergebnistabelle:

1. Gesamtergebnis im RK I			EUR
2. Ergebnis aus unternehmensbez. Abgrenzung	EUR		
3. Ergebnis aus kostenrechnerischen Korrekturen	EUR		
4. Betriebsergebnis	EUR		
5. Gesamtergebnis im RK II			EUR

Bewertung:

_____

_____

_____

_____

_____

_____

_____

_____

_____

_____

_____

_____

_____

_____

_____

_____

_____

_____

_____

_____

_____

41

6   Korte - ISBN 978-3-8120-1028-3

Ergebnistabelle der Deli Eis GmbH

Ergebnistabelle der Deli Eis GmbH

| Konto-Nr. | Konto | Erfolgsbereich der Deli Eis GmbH (Rechnungskreis I) | | Abgrenzungsbereich (Rechnungskreis II) | | | | KLR-Bereich | |
| | | | | unternehmensbez. Abgrenzung | | kostenrechnerische Korrekturen | | | |
		Aufwendungen	Erträge	neutr. Aufw.	neutr. Erträge	betriebl. Aufw.	verrech. Kosten	Kosten	Leistungen
5000	Umsatzerlöse		8.480.000,00 EUR						
5202	Bestandsveränd. an fert. Erzeugn.		120.000,00 EUR						
5400	Mieterträge		5.000,00 EUR						
5460	Ertr. a. d. Abg. v. Verm.-Gegenst.		10.000,00 EUR						
5480	Erträge a. d. Herabs. v. Rückstell.		13.000,00 EUR						
5710	Zinserträge		35.000,00 EUR						
6000	Aufwendungen für Rohstoffe	3.662.750,00 EUR							
6020	Aufwendungen für Hilfsstoffe	1.046.500,00 EUR							
6030	Aufwendungen für Betriebsstoffe	523.250,00 EUR							
6200	Löhne	1.132.560,00 EUR							
6300	Gehälter	478.230,00 EUR							
6400	Soziale Abgaben	556.000,00 EUR							
6520	Abschreibungen	615.000,00 EUR							
6800	Büromaterial	98.000,00 EUR							
6870	Werbung	350.000,00 EUR							
6960	Verl. a. d. Abg. v. Verm.-Gegenst.	60.000,00 EUR							
7000	Betriebsteuern	142.560,00 EUR							
7460	Verl. a. d. Abg. v. WP d. UV	12.000,00 EUR							
7510	Zinsaufwendungen	40.000,00 EUR							
7600	Außerordentliche Aufwendungen	12.000,00 EUR							
	Summen	8.728.850,00 EUR	8.663.000,00 EUR						
	Salden		65.850,00 EUR						
		8.728.850,00 EUR	8.728.850,00 EUR						

42

Modell-unternehmen

KLR: Einstieg

ABGRENZUNG

BAB

Maschinen-stunden

Prozess-kosten

Investition

Finanzierung

Musterklausur

Kontrollrechnung für die Ergebnistabelle:

1. Gesamtergebnis im RK I			EUR
2. Ergebnis aus unternehmensbez. Abgrenzung		EUR	
3. Ergebnis aus kostenrechnerischen Korrekturen		EUR	
4. Betriebsergebnis		EUR	
5. Gesamtergebnis im RK II			EUR

Bewertung:

_____

_____

_____

_____

_____

_____

_____

_____

_____

_____

_____

_____

_____

_____

_____

_____

_____

_____

_____

_____

Ergebnistabelle der Eismaschinen GmbH

Ergebnistabelle der Eismaschinen GmbH

Konto-Nr.	Konto	Aufwendungen	Erträge	neutr. Aufw.	neutr. Erträge	betriebl. Aufw.	verrech. Kosten	Kosten	Leistungen
				Rechnungskreis II					
	Erfolgsbereich der Eismaschinen GmbH (Rechnungskreis I)			**Abgrenzungsbereich**				**KLR-Bereich**	
				unternehmensbez. Abgrenzung		kostenrechnerische Korrekturen			
5000	Umsatzerlöse		9.612.500,00 EUR						
5202	Bestandsveränd. an fert. Erzeugn.		80.000,00 EUR						
5400	Mieterträge		120.000,00 EUR						
5460	Ertr. a. d. Abg. v. Verm.-Gegenst.		360.000,00 EUR						
5480	Erträge a. d. Herabs. v. Rückstell.		250.000,00 EUR						
5710	Zinserträge		25.000,00 EUR						
6000	Aufwendungen für Rohstoffe	4.751.250,00 EUR							
6020	Aufwendungen für Hilfsstoffe	1.357.500,00 EUR							
6030	Aufwendungen für Betriebsstoffe	678.750,00 EUR							
6200	Löhne	1.056.000,00 EUR							
6300	Gehälter	528.000,00 EUR							
6400	Soziale Abgaben	576.000,00 EUR							
6520	Abschreibungen	617.000,00 EUR							
6800	Büromaterial	100.000,00 EUR							
6870	Werbung	250.000,00 EUR							
6960	Verl. a. d. Abg. v. Verm.-Gegenst.	20.000,00 EUR							
7000	Betriebsteuern	146.190,00 EUR							
7460	Verl. a. d. Abg. v. WP d. UV	20.000,00 EUR							
7510	Zinsaufwendungen	60.000,00 EUR							
7600	Außerordentliche Aufwendungen	30.000,00 EUR							
	Summen	10.190.690,00 EUR	10.447.500,00 EUR						
	Salden	256.810,00 EUR							
		10.447.500,00 EUR	10.447.500,00 EUR						

44

Kontrollrechnung für die Ergebnistabelle:

1. Gesamtergebnis im RK I			EUR
2. Ergebnis aus unternehmensbez. Abgrenzung		EUR	
3. Ergebnis aus kostenrechnerischen Korrekturen		EUR	
4. Betriebsergebnis		EUR	
5. Gesamtergebnis im RK II			EUR

Bewertung:

_____

_____

_____

_____

_____

_____

_____

_____

_____

_____

_____

_____

_____

_____

_____

_____

_____

_____

_____

_____

Modell-unternehmen

KLR: Einstieg

ABGRENZUNG

BAB

Maschinen-stunden

Prozess-kosten

Investition

Finanzierung

Musterklausur

Modell-
unternehmen

KLR:
Einstieg

ABGRENZUNG

BAB

Maschinen-
stunden

Prozess-
kosten

Investition

Finanzierung

Musterklausur

Abgrenzungsrechnung:
Zusammenfassung mit Kartenmethoden

1. Sortieraufgabe: Begriffskarten werden individuell nach „weiß ich" und „weiß ich nicht" geordnet.

2. Strukturlegen: Begriffskarten werden in eine sinnlogische Struktur gelegt.[1]

3. Erklären Sie kurz mit eigenen Worten jeden der folgenden Begriffe:

Aufwendungen	
GuV-Rechnung	
Bilanz	
Anderskosten	
Betriebsgewinn	
Ergebnistabelle	
Rentabilität	

---

1 **Hinweis:** Jede Struktur ist individuell, fachliche Fehler aufgrund falscher Verknüpfung können erkannt und korrigiert werden.

Wiederbeschaffungswert	
Kosten	
Leistungen	
Grundkosten	
Zusatzkosten	
neutrales Ergebnis	
Wirtschaftlichkeit	
Kostenkorrektur	
Anschaffungswert	

Bei der Bruno Gelato GmbH werden die Produkte „unter die Lupe" genommen ... – Einstieg in den einfachen Betriebsabrechnungsbogen

Ausgangssituation

Die Geschäftsleitung der Bruno Gelato Eis GmbH hat ein Problem! Neue Mitbewerber bieten ihre Produkte zu sagenhaft günstigen Preisen an. Kann das Unternehmen mithalten?

Herr Flügge bereitet die Abteilungsleitersitzung vor, bei der unter anderem auch über die Änderungen der Barverkaufspreise entschieden werden soll. Zusammen mit Herrn Flügge muss Herr Braams die bisherige Kostenstellenbildung überprüfen.

Nachdem Birgit auch den Umgang mit kalkulatorischen Kosten gelernt hat, hält Herr Braams die Zeit für gekommen, Birgit in die Geheimnisse der Kostenstellenrechnung einzuweihen.

Herr Braams hat die Kosten der vergangenen Geschäftsperiode vollständig erfasst und beauftragt Birgit zunächst damit, diese Kosten in Einzel- und Gemeinkosten aufzuteilen.

Danach wollen sie die Gemeinkosten mithilfe der unten angeführten Verteilungsschlüssel (Vorgabe nach der Besprechung mit Herrn Lucchetta und Herrn Flügge) auf die vier Funktionsbereiche des Betriebs (Materialbereich, Fertigungsbereich, Verwaltungsbereich und Vertriebsbereich) aufteilen, die Zuschlagssätze für die Gemeinkosten berechnen und die Selbstkosten ermitteln.

Der Betriebsabrechnungsbogen (BAB) ist dementsprechend mit den Spalten zur Berechnung von Kostenüber- und Kostenunterdeckung angelegt. Mit dem Zahlenmaterial des BAB wird dann das Kostenträgerblatt aufgestellt. Mit dessen Hilfe kann der Anteil der verschiedenen Kostenträger an den gesamten Normalkosten der Abrechnungsperiode und der Anteil jedes einzelnen Kostenträgers am Umsatzergebnis ermittelt werden. Birgit hat nun die Aufgabe, auf der Grundlage folgender Daten den **BAB**[1] und das **Kostenträgerblatt**[2] auf Normalkostenbasis zu erstellen.

Weitere Informationen:

➤ Fertigungsmaterial:	**89.010,67 EUR**
➤ Fertigungslöhne:	**52.100,00 EUR**
➤ Mehrbestand an fertigen Erzeugnissen:	**5.333,33 EUR**
➤ Minderbestand an fertigen Erzeugnissen:	**2.133,33 EUR**
➤ Nettoumsatzerlöse lt. Finanzbuchhaltung:	**412.000,00 EUR**

Arbeitsauftrag

2.1 Arbeiten Sie im Lehrbuch[3] die Seiten zum Betriebsabrechnungsbogen durch und überprüfen Sie die Kosten der Ergebnistabelle August (PB 7) 20xx.[4]

Hinweis:

Die Posten 6200/6300/6400 in der Ergebnistabelle bestehen aus:

Fertigungslöhne inkl. AG-Anteil SV	52.100,00 EUR
Hilfslöhne	14.840,84 EUR
Gehälter	37.960,56 EUR
verbleibender AG-Anteil zur SV	23.215,49 EUR
Summe	128.116,89 EUR

---

1 Siehe PB 7, Seite 50.

2 Siehe PB 9, Seite 52.

3 Z. B. Speth (Hrsg.), a. a. O., S. 48 ff., S. 391 ff.

4 Siehe PB 3, Seite 40.

Modell-unternehmen

KLR: Einstieg

Abgrenzung

BAB

Maschinen-stunden

Prozess-kosten

Investition

Finanzierung

Musterklausur

2.2 Verteilen Sie die jeweiligen Gemeinkosten nach den angegebenen Schlüsseln auf die vier Hauptkostenstellen (PB 7).

Gemeinkosten-arten	Verteilungsgrundlage	Verteilungsschlüssel			
		Material	Fertigung	Verwaltung	Vertrieb
Hilfsstoffe	Entnahmescheine	–	12.435,11 EUR	–	2.400,00 EUR
Betriebsstoffe	Entnahmescheine	–	29.270,22 EUR	100,00 EUR	300,00 EUR
Hilfslöhne	Lohnliste (Anteile)	3	6	–	4
Gehälter	Gehaltsliste	6.698,92 EUR	15.630,82 EUR	13.397,84 EUR	2.232,98 EUR
soziale Abgaben	Lohn-/Gehaltsliste	20 %	40 %	30 %	10 %
kalk. Abschr.	kalk. Restbuchwerte	327.273,00 EUR	545.455,00 EUR	109.091,00 EUR	218.182,00 EUR
andere betriebl. Aufwendungen[1]	Erfahrungswerte im Verhältnis	40	140	20	41
kalk. Wagnisse	Vermögenswerte (Anteile)	1	2	keine	keine
kalk. Zinsen	Anlagewerte im Verhältnis	2.603,52 EUR	7.810,56 EUR	4.339,20 EUR	1.735,68 EUR
Versicherungen	im gleichen Verhältnis	1	1	1	1

2.3 Berechnen Sie die Zuschlagssätze für die Gemeinkosten.

Hinweis:

Kostenstellen-Gemeinkosten	Zuschlagsgrundlage
Materialgemeinkosten (MGK)	Fertigungsmaterial gem. Ergebnistabelle
Fertigungsgemeinkosten (FGK)	Fertigungslöhne inkl. AG-Anteil zur Sozialvers. gem. Arbeitsauftrag 2.1
Verwaltungsgemeinkosten (VwGK)	Herstellkosten des Umsatzes
Vertriebsgemeinkosten (VtGK)	Herstellkosten des Umsatzes

2.4 Berechnen Sie die Selbstkosten des Umsatzes mithilfe des Schemas (siehe PB 8).

2.5 Führen Sie anschließend einen Normal- und Ist-Kostenvergleich durch (PB 8).

2.6 Beschreiben Sie mithilfe des Kostenträgerblattes (PB 9)
  ➢ die Selbstkosten je Kostenträger,
  ➢ das Umsatzergebnis je Kostenträger,
  ➢ die Kostenunter- bzw. die Kostenüberdeckung je Kostenträger.

---

1 Z.B. Werbekosten, Büromöbel usw.

49

7 Korte - ISBN 978-3-8120-1028-3

Einfacher Betriebsabrechnungsbogen der Bruno Gelato GmbH

Betriebsabrechnungsbogen der Bruno Gelato GmbH					
Gemeinkosten	**Zahlen der KLR**	**Kostenstellen**			
		I. Material	**II. Fertigung**	**III. Verwaltung**	**IV. Vertrieb**
Hilfsstoffe	14.835,11 EUR				
Betriebsstoffe	29.670,22 EUR				
Hilfslöhne	14.840,84 EUR				
Gehälter	37.960,56 EUR				
soziale Abgaben	23.215,49 EUR				
Büromaterial	2.681,00 EUR				
Werbung	16.086,00 EUR				
Versicherungen	8.043,00 EUR				
kalk. Zinskosten	16.488,96 EUR				
kalk. Abschreibungen	12.000,00 EUR				
kalk. Wagnisse	1.232,56 EUR				
Summe der Gemeinkosten					

Zuschlagsgrundlagen:	MGK	FGK	VwGK	VtGK
Fertigungsmaterial	89.010,67 EUR			
Fertigungslöhne		52.100,00 EUR		
Herstellkosten des Umsatzes				
Ist-Zuschlagssätze				
Normal-Zuschlagssätze	16,5 %	182,0 %	14,5 %	13,0 %
Normalgemeinkosten				
Istgemeinkosten				
Kostenüberdeckung				
– Kostenunterdeckung				
= Kostenüberdeckung insgesamt				

Schema zur Berechnung der Selbstkosten des Umsatzes

Modell-unternehmen

KLR: Einstieg

Abgrenzung

BAB

Maschinen-stunden

Prozess-kosten

Investition

Finanzierung

Musterklausur

Kalkulationsschema			Ist-Zuschlagssatz	Ist-Kosten	Normal-Zuschlagssatz	Normalkosten
		Fertigungsmaterial				
	+	Materialgemeinkosten				
	=	Materialkosten				
		Fertigungslöhne				
	+	Fertigungsgemeinkosten				
	+	Sondereinzelkosten der Fertigung				
	=	Fertigungskosten				
		Herstellkosten der Rechnungsperiode				
	+	Minderbestand an FE/UFE				
	–	Mehrbestand an FE/UFE				
	=	Herstellkosten des Umsatzes				
	+	Verwaltungsgemeinkosten				
	+	Vertriebsgemeinkosten				
	+	Sondereinzelkosten des Vertriebs				
	=	Selbstkosten des Umsatzes				

Kostenträgerblatt der Bruno Gelato GmbH

Beachten Sie:

Herstellkosten des Umsatzes für die Berechnung der **Normalgemeinkosten** sind auf Grundlage der **Normalzuschlagssätze** bei MGK und FGK neu zu berechnen![1]

	Kalkulationsschema	Normalkosten insgesamt	Kostenträger Produkt I Milcheis	Produkt II Fruchteis	Produkt III Tiefkühltorten	Produkt IV Torten frisch	Kontroll- summen
1.	Fertigungsmaterial	89.010,67 EUR	38.147,43 EUR	25.431,62 EUR	21.193,02 EUR	4.238,60 EUR	89.010,67 EUR
2.	16,5 % MGKZ	14.686,76 EUR					
3.	Materialkosten	103.697,43 EUR					
4.	Fertigungslöhne	52.100,00 EUR	22.328,57 EUR	14.885,71 EUR	12.404,76 EUR	2.480,95 EUR	52.100,00 EUR
5.	182,0 % FGKZ	94.822,00 EUR					
6.	Fertigungskosten	146.922,00 EUR					
7.	HK der Rechnungsperiode	250.619,43 EUR					
8.	+ Minderbestand	2.133,33 EUR	2.133,33 EUR	0,00 EUR	0,00 EUR	0,00 EUR	
9.	– Mehrbestand	5.333,33 EUR	0,00 EUR	3.047,62 EUR	1.523,81 EUR	761,90 EUR	3.200,00 EUR
10.	HK des Umsatzes	247.419,43 EUR					
11.	14,5 % VwGKZ	35.875,82 EUR					
12.	13,0 % VtGKZ	32.164,53 EUR					
13.	Selbstkosten des Umsatzes	315.459,78 EUR					
14.	Nettoumsatzerlöse lt. FB	412.000,00 EUR	169.647,06 EUR	121.176,47 EUR	96.941,18 EUR	24.235,29 EUR	412.000,00 EUR
15.	Umsatzergebnis	96.540,22 EUR					
16.	+ Kostenüberdeckung						
17.	Betriebsergebnis						

Kostenträgerblatt (BAB II) auf Normalkostenbasis der Bruno Gelato GmbH

Ergebnis Kostenträgerblatt
+ andere aktivierte Eigenleistungen[2]
= Saldo im KLR-Bereich der Ergebnistabelle   99.135,59 EUR

---

1 Rundungsdifferenzen möglich.
2 Siehe Seite 40 Ergebnistabelle August.

Modell-unternehmen

KLR: Einstieg

Abgrenzung

BAB

Maschinen-stunden

Prozess-kosten

Investition

Finanzierung

Musterklausur

„Das müssen wir uns noch detaillierter anschauen" – erweiterter Betriebsabrechnungsbogen

Ausgangssituation

Die Geschäftsleitung der Bruno Gelato GmbH hat auf der letzten Sitzung neue Kalkulationsgrundlagen für Milchspeiseeis für das 4. Quartal 20xx diskutiert. Ausgangspunkt war ein Angebot unseres Milchlieferanten. Die Milchpreise sind in der letzten Zeit sehr stark gestiegen. Die Molkereien wollen diesen Mehraufwand an ihre Kunden weitergeben. Die Auswirkungen dieser Rohstoffpreiserhöhung machen der Geschäftsleitung große Sorgen. Ist das Ziel eines Gewinnzuschlagssatzes in Höhe von 10 %[1] noch zu realisieren? Weiterhin wird überlegt, unsere Zahlungsbedingungen den Kundenwünschen anzupassen, die zusätzlich zum Skontosatz von 3 % auch noch einen Rabatt von 15 % eingeräumt bekommen wollen. Herr Flügge wird zur nächsten Sitzung eine detaillierte Übersicht erstellen.

Herr Flügge, der mit der Aussagefähigkeit des Betriebsabrechnungsbogens in der einfachen Form nicht zufrieden ist, bittet Herrn Braams, den BAB entsprechend zu erweitern. Zum einen weist der Betriebs-abrechnungsbogen nur einen Kostenbereich „Fertigung" aus, sodass der Gemeinkostenverbrauch ein-zelner Fertigungsabteilungen nicht erkennbar ist und gezielte Kostenkontrollen somit nicht möglich sind. Herr Flügge will daher die im Unternehmen bestehenden Fertigungsabteilungen als Fertigungs-hauptkostenstellen (FHS) in den BAB einführen (erweiterter BAB):

Fertigungshauptkostenstellen für das Unternehmen:

➤ Tortenherstellung

➤ Eisherstellung

➤ Schockgefrierung[2]

Zum anderen möchte Herr Flügge die Abteilung „Arbeitsvorbereitung" als gesonderte Fertigungshilfs-kostenstelle (HIKS) im BAB einführen, da diese Abteilung die Fertigungsplanung und Fertigungssteue-rung für alle Fertigungshauptkostenstellen leistet.

Zusätzlich plant er, den eigenen Fuhrpark zu einer selbstständigen Kostenstelle zu machen, da diese Abteilung für alle anderen Abteilungen im Unternehmen Dienste erbringt. Er möchte diese Kostenstelle als allgemeine Kostenstelle im Betriebsabrechnungsbogen führen (mehrstufiger BAB).

Herr Braams beauftragt Sie, den Betriebsabrechnungsbogen in der von ihm geforderten Form neu zu erstellen. Nach einer detaillierten Analyse wurden bereits die aus der Kostenartenrechnung übernom-menen primären Gemeinkosten nach Listen (direkt) bzw. nach Schlüsseln (indirekt) auf die verschie-denen Kostenstellen verteilt.

Hinweis:	
Informationen zur Lösung der folgenden Arbeits-aufträge finden Sie im Lehrbuch.[3]	Übertragen Sie die Gemeinkostenarten sowie die dazugehörigen Werte (siehe AB 2) in den Betriebsabrechnungsbogen (PB 10).
Die Beträge für Fertigungsmaterial (FM), Ferti-gungslöhne (FL) und Bestandsveränderungen sind gleich denen aus AB 2.	

---

1 Aus redaktionellen Gründen Zuschlagssätze geändert.

2 Aus redaktionellen Gründen geändert.

3 Z.B. Speth (Hrsg.), a.a.O., S. 68ff.

AB 3

Arbeitsauftrag

3.1.1 Verteilen Sie die jeweiligen Gemeinkosten nach den angegebenen Schlüsseln auf die verschiedenen Kostenstellen. (**Verteilungsschlüssel:** vgl. nachfolgende Übersicht unter 3.3.)

3.1.2 Legen Sie die AKS Spedition auf die anderen Kostenstellen in folgendem Verhältnis um: 2 : 3 : 3 : 3 : 4 : 4 : 2.

3.1.3 Legen Sie die HIKS Arbeitsvorbereitung auf die Hauptkostenstellen (FHS) in folgendem Verhältnis um: 3 : 3 : 2.

3.2 Berechnen Sie die Zuschlagssätze für die in den verbleibenden Kostenstellen ermittelten Gemeinkosten.

Hinweis:

Die Fertigungslöhne inkl. AG-Anteil zur SV in Höhe von 52.100,00 EUR verteilen sich folgendermaßen auf die drei Hauptkostenstellen:

Tortenherstellung 19.149,10 EUR
Eisherstellung 13.440,50 EUR
Schockgefrierung 19.510,40 EUR

3.3 Berechnen Sie die Selbstkosten des Umsatzes mithilfe des relevanten Schemas (siehe PB 11) und bestimmen Sie die Ist-Zuschlagssätze in %!

Gemeinkostenarten	Verteilungsgrundlage	AKS Spedition	Material	HIKS Arbeitsvorbereitung	Fertigungshauptkostenstellen (FHS)			Verwaltung	Vertrieb
					Tortenherstellung	Eisherstellung	Schockgefrierung		
Hilfsstoffe	Entnahmeschein	–	–	700,00	1.310,00	9.730,00	695,11	–	2.400,00
Betriebsstoffe	Entnahmeschein	–	–	300,00	1.200,00	26.514,00	1.256,22	100,00	300,00
Hilfslöhne	Lohnliste	3.651,00	2.600,00	Rest: 1 : 3 : 4 : 2					3.541,00
Gehälter	Gehaltsliste	5.314,00	6.120,00	Rest: 2 : 4 : 6 : 3				13.397,84	1.453,00
verbleibender AG-Anteil zur Sozialversicherung	Lohn-/Gehaltsliste	9,0 %	8,0 %	12,0 %	14,0 %	18,0 %	4,0 %	30,0 %	5,0 %
kalk. Abschreibungen	kalk. Restbuchwerte	1.557,09	1.342,00	140,00	510,00	4.150,00	1.500,00	1.090,91	1.710,00
andere betriebliche Aufwendungen	Erfahrungswerte im Verhältnis	10	40	20	40	30	20	20	35
kalk. Wagnisse	Inventurwerte im Verhältnis	0	3	1	3	2	0	0	0
kalk. Zinsen	Vermögenswerte	630.214,18	77.201,34	160.000,00	150.000,00	883.884,75	200.000,00	235.824,73	256.947,00
Versicherungen	Anlagewerte im Verhältnis	3	4	1	1	3	1	4	4

Modell-
unternehmen

KLR:
Einstieg

Abgrenzung

BAB

Maschinen-
stunden

Prozess-
kosten

Investition

Finanzierung

Musterklausur

Ausgangssituation

Fallerweiterung:

Herr Braams beauftragt Birgit, die mithilfe des Betriebsabrechnungsbogens ermittelten Ist-Kostenzuschlagssätze (s. PB 10) mit den verrech-
neten Normalkostenzuschlagssätzen zu vergleichen und die jeweilige Kos-
tenüber- bzw. -unterdeckung pro Kostenstelle zu ermitteln.

Bei dieser Kostenkontrolle müssen die Bestandsveränderungen berücksichtigt werden.

Hinweis:

Wird die Normalkostenrechnung zur **Vor**kalkulation verwendet, **entfallen** Bestandsveränderungen.

Arbeitsauftrag

3.4 Wie unterscheiden sich Normalkostenrechnung und Ist-Kostenrech-
nung?

3.5 Welche Vorteile hat die Verrechnung mit Normalkosten?

3.6 Ermitteln Sie die noch fehlenden Normalkostenzuschlagssätze für den
August 20xx aufgrund folgender Ist-Zuschlagssätze:

Gemeinkostenstellen	März 20xx	April 20xx	Mai 20xx	Juni 20xx	Juli 20xx	August 20xx	Normal-kostenzu-schlagssatz
Material	14,30 %	13,65 %	14,80 %	14,10 %	20,10 %	22,04 %	16,50 %
Tortenherstellung	130,50 %	128,10 %	124,30 %	119,70 %	118,40 %		
Eisherstellung	126,30 %	134,50 %	202,00 %	512,30 %	508,80 %		
Schockgefrierung	90,23 %	91,43 %	90,30 %	90,40 %	90,30 %		
Verwaltung	15,35 %	15,25 %	15,10 %	15,10 %	15,00 %		
Vertrieb	16,01 %	15,00 %	14,45 %	14,25 %	11,31 %		

3.7 Berechnen Sie für alle Kostenstellenbereiche die Normalkosten und
die sich ergebenden Über- und Unterdeckungen (für August 20xx).

Hinweis:

Für die Berechnung der Normalgemeinkosten für die Bereiche
Verwaltung und Vertrieb ist eine erneute Berechnung der Herstellkosten des Umsatzes auf der Grundlage der Normalgemeinkosten
notwendig!

3.8 Auf welche Ursachen können die Deckungsdifferenzen zurückgeführt
werden? Wie lassen sie sich verringern?

Erweiterter und mehrstufiger Betriebsabrechnungsbogen der Bruno Gelato GmbH

Betriebsabrechnungsbogen der Bruno Gelato GmbH (in EUR)

Gemeinkostenarten	Zahlen der Betriebsergebnisrechnung (Ergebnistabelle)	AKS Spedition	Material	HIKS Arbeitsvorbereitung	Torten-herstellung	Eis-herstellung	Schock-gefrierung	Verwal-tung	Vertrieb
					Fertigungshauptkostenstellen (FHS)				
Hilfsstoffe	14.835,11								
Betriebsstoffe	29.670,22								
Hilfslöhne	14.840,84								
Gehälter	37.960,56								
soziale Abgaben	23.215,49								
Büromaterial	2.681,00								
Werbung	16.086,00								
Versicherungen	8.043,00								
Zinskosten	16.488,96								
kalk. Abschreibungen	12.000,00								
kalk. Wagnisse	1.232,56								
Summe der Gemeinkosten	177.053,74								
Verteilungsschlüssel		⬑	2	3	3	3	4	4	2
Umlage: AKS									
Zwischensumme									
Verteilungsschlüssel				⬑	3	3	2		
Umlage: HIKS									
Stellengemeinkosten									

Fortsetzung:

Gemeinkostenarten	Zahlen der Betriebsergebnisrechnung (Ergebnistabelle)	AKS Spedition	Material	HIKS Arbeitsvorbereitung	Fertigungshauptkostenstellen (FHS)			Verwaltung	Vertrieb
					Tortenherstellung	Eisherstellung	Schockgefrierung		
Stellengemeinkosten (Übertrag)									
Zuschlagsgrundlagen in EUR:									
Fertigungsmaterial									
Fertigungslöhne									
Herstellkosten des Umsatzes									
Zuschlagssätze in %									

Nebenrechnung für die Herstellkosten des Umsatzes:

8 Korte - ISBN 978-3-8120-1028-3

Modell-
unternehmen

KLR:
Einstieg

Abgrenzung

BAB

Maschinen-
stunden

Prozess-
kosten

Investition

Finanzierung

Musterklausur

Kalkulationsschema

Beachte:

Die Kalkulation findet mit den ermittelten Ist-Zuschlägen des Monats August und den oben ermittelten Normalzuschlägen statt!

Kalkulationsschema		Ist-Zuschlag in %	Ist-Kosten in EUR	Normalkosten-Zuschlag in %	Normalkosten in EUR
	Fertigungsmaterial				
+	Materialgemeinkosten				
=	Materialkosten				
	Fertigungslöhne FHS Tortenherstellung				
+	Fertigungsgemeinkosten FHS Tortenherstellung				
=	Fertigungskosten FHS Tortenherstellung				
	Fertigungslöhne FHS Eisherstellung				
+	Fertigungsgemeinkosten FHS Eisherstellung				
=	Fertigungskosten FHS Eisherstellung				
	Fertigungslöhne Schockgefrierung				
+	Fertigungsgemeinkosten FHS Schockgefrierung				
=	Fertigungskosten FHS Schockgefrierung				
	Herstellkosten der Produktion				
–	Mehrbestand an FE/UFE				
=	Herstellkosten des Umsatzes				
+	Verwaltungsgemeinkosten				
+	Vertriebsgemeinkosten				
=	Selbstkosten des Umsatzes				

Kostenstelle	Material	FHS Torten-herstellung	FHS Eis-herstellung	FHS Schock-gefrierung	Verwal-tung	Vertrieb
Summe Ist-Gemeinkosten						
Ist-Zuschlagssätze						
Normal-Zuschlagssätze						
Normalgemeinkosten						
Kostenüberdeckung						
Kostenunterdeckung						

Kostenüber-/-unterdeckung insgesamt:

Modell-unternehmen

KLR: Einstieg

Abgrenzung

BAB

MASCHINEN-STUNDEN

Prozess-kosten

Investition

Finanzierung

Musterklausur

„Eine neue Maschine lässt die Kosten schrumpfen!" – Maschinenstundensatzrechnung

Ausgangssituation

Herr Lucchetta und Herr Flügge waren vor einigen Wochen auf der größten internationalen Eismesse in Rimini in Italien. Fünf Tage lang trafen sich an dem Urlaubsort an der Adriaküste Eismacher aus ganz Italien und dem Ausland, um neue Trends rund um das beliebte Speiseeis vorzustellen und Erfahrungen auszutauschen. Mehr als 500 Aussteller, 90.000 Besucher – da gab es eine Menge zu sehen und zu schlecken. Dort stellte auch das Unternehmen **Machinery World Limited** aus England sein neues „Deep Blue"-Freezer-Produktprogramm vor:

Produktinformation

Neue Niedrigtemperaturverarbeitung[1]

Das neue „Deep Blue"-Freezer-Produktprogramm ist eine der kundenorientiertesten Lösungen, die es heute auf dem Markt gibt. Der erste kontinuierliche Niedrigtemperatur-Freezer, der Hoyer Frigus® LF 1000 F „Deep Blue", ist der erste Baustein eines umfassenden Niedrigtemperatur-Maschinenprogramms, das entwickelt wurde, um umfangreiche Verbesserungen in der Eiscremequalität und Verarbeitungseffizienz zu erreichen. Der Hoyer Frigus® LF 1000 F optimiert die Produktionskapazität und ermöglicht Einsparungen in Produktions- und Zutatenkosten – aber dazu später mehr. Ein Wettbewerbsvorteil für Eiscremehersteller ergibt sich durch das zunehmende Gesundheitsbewusstsein der Verbraucher. Durch das Niedrigtemperatur-Freezing kann der Fettgehalt im Eismix reduziert werden, während die feine Eiscremekristallstruktur erhalten bleibt, die ein hohes Maß an Cremigkeit und warmem Mundgefühl gewährleistet. Das Besondere des Hoyer Frigus® LF 1000 F ist seine Fähigkeit, die Eiscreme vor der Abfüllung auf bis zu – 12 °C herunterzukühlen, eine erheblich niedrigere Temperatur als die – 6 °C, die mit herkömmlichen Freezern erreicht wird. In vielen Fällen wird dadurch ein Härtetunnel überflüssig, da die abgefüllte Eiscreme direkt in die Lagerung transportiert werden kann.

---

1 Autor: Jürgen Plate, Leiter Applikations- und Produktmanagement Tetra Pak Processing GmbH, Glinde, Quelle: www.suesswarentechnik.de/index.php?option=com_content&task=view&id=2475&Itemid=27

Modell-unternehmen

KLR: Einstieg

Abgrenzung

BAB

MASCHINEN-STUNDEN

Prozess-kosten

Investition

Finanzierung

Musterklausur

4

Eine Serie von Niedrigtemperatur-Füllsystemen ist zurzeit in der Entwicklung, die in diesem Jahr das „Deep Blue"-Produktprogramm ergänzen wird. Wenn diese Maschinen verfügbar sind, wird die durch Niedrigtemperaturverarbeitung erzielte hohe Stabilität der Formen vielfältige Möglichkeiten für neue Eiscreme-Produktinnovationen bieten.

Bessere Abfüllgenauigkeit

Die neue Generation Hoyer Frigus® KF 2000 F eignet sich sehr gut für den Einsatz in Verbindung mit dem Niedrigtemperatur-Freezer Hoyer Frigus® LF. Auch hier stand mehr Wirtschaftlichkeit und einfachere Bedienung im Mittelpunkt der Entwicklung. Der automatische Ausgleich von Druckschwankungen wurde im Hoyer Frigus® KF eingeführt, um eine höhere Abfüllgenauigkeit und Kontrolle des Overruns zu erreichen. Dies ermöglicht eine noch gleichbleibendere Produktqualität. Die Wirtschaftlichkeit bei der Eiscremeherstellung wurde durch ein neues Regelsystem, basierend auf einem hoch entwickelten Regelkreis, erheblich verbessert. Dieses System ermöglicht ein schnelleres Anfahren und Anpassen der Produktionsparameter. Eine anwenderfreundliche Bedienoberfläche und verbesserte Leistungsinformationen wurden durch ein neues Touchscreen-Kontrollpanel erreicht. Das Ergebnis ist eine zuverlässige, vorprogrammierbare Maschine, die bei optimaler Einstellung mit minimalen Unterbrechungszeiten läuft.

Freezer mit integriertem Kühlsystem und automatischen Funktionen

Während die Hoyer-Frigus®-KF-Reihe für größere Produktionsanlagen mit zentraler Kälteversorgung ausgelegt ist, repräsentiert die Serie Hoyer Frigus® SF ein in sich abgeschlossenes Freezersystem mit integrierter Kälteerzeugung, das insbesondere für kleine oder mittelgroße Eiscremeproduktionen ideal geeignet ist.

Neben einigen Automatik-Funktionen des Hoyer Frigus® SF 400 und des 600 N1 Freezers bietet die Serie viele weitere Neuheiten. Die automatische Viskositäts- und Overrunkontrolle gewährleistet eine hohe Produktgenauigkeit, während das automatische Anfahrprogramm und die Schnell-Stopp-Funktion die Bedienung erleichtern. Bis zu 32 Rezepte und Produktionsparameter können ausgewählt werden.

Tetra PlantCare™ spart Zeit und Geld

In integrierten Linienlösungen geben die neuen Produkte und Produkt-Upgrades Eiscremeherstellern die Flexibilität, die sie benötigen, um den Verbrauchern Geschmacksvielfalt bieten zu können. Aber auch bei maßgeschneiderten Prozesslinien höchster Qualität ist regelmäßige Wartung wichtig, um die maximale Anlagenverfügbarkeit sicherzustellen. Um dies für die Eiscremeherstellung zu gewährleisten, hat Tetra Pak Processing das Serviceprogramm **Tetra PlantCare™** entwickelt.

Jeder Tetra-PlantCare™-Servicevertrag ist maßgeschneidert und an die individuellen Kundenanforderungen angepasst. Er kann einen Zeitraum von einem Jahr und länger umfassen. Mit diesem Servicevertrag kann der Hersteller die zeitaufwendigen Service- und Wartungsaktivitäten komplett an das Tetra-PlantCare™-Team übergeben und hat damit zum Festpreis das Risiko eines ungeplanten Produktionsausfalls auf ein Minimum reduziert. Viele Hersteller weltweit erfreuen sich heute schon an den langfristigen Kosteneinsparungen, die durch diesen pro-aktiven Serviceansatz erreicht werden.

Die Geschäftsleitung der Bruno Gelato GmbH überlegt, die neue Eismaschine anzuschaffen. Durch diese Maschine könnte die bislang erforderliche, teure Handarbeit zum Teil durch den Einsatz der neuen Maschine entfallen. Dafür würden dann allerdings die Fertigungsgemeinkosten in der Fertigungshauptkostenstelle „Eisherstellung" steigen. Herr Flügge bittet Herrn Braams, für diese neue Maschine die genauen Kosten für den neuen Maschinenplatz „Eisherstellung" zu ermitteln.

Modell-
unternehmen

KLR:
Einstieg

Abgrenzung

BAB

MASCHINEN-
STUNDEN

Prozess-
kosten

Investition

Finanzierung

Musterklausur

Als Grundlage zur Berechnung des Maschinenstundensatzes (MSS) liegt Ihnen folgendes Angebot der Machinery World Deutschland GmbH aus Hannover vor:

MACHINERY WORLD DEUTSCHLAND GMBH

Machinery World Deutschland GmbH » Baumschulenallee 19 » 30625 Hannover

Bruno Gelato GmbH
Schuhmacherstr. 26
26817 Rhauderfehn

Ihr Zeichen:	Lu
Ihre Nachricht vom:	20xx-09-09
Unser Zeichen:	Mue
Unsere Nachricht vom:	
Name:	Dr. Wolfgang Müller
Telefon:	0511 9566-12
Mobil:	0176 69335518
Telefax:	0511 9566-22
E-Mail:	w.mueller@machinery-world.de
Datum:	20xx-09-20

Angebot Nr. 0130/10

Sehr geehrter Herr Lucchetta,

wie auf der Rimini-Messe besprochen, legen wir Ihnen folgendes Angebot vor:
Angebot über eine Eisherstellmaschine Typ „Hoyer Frigus® SF 400"*
wie auf der Rimini-Messe besichtigt, gültig bis zum 31.12.20xx.

	Listenpreis der Anlage	100.000,00 EUR
+	**Transportkosten**	2.000,00 EUR
+	**Montagekosten**	4.000,00 EUR
	Nettopreis	106.000,00 EUR
+	**19 % Umsatzsteuer**	20.140,00 EUR
=	**Rechnungspreis**	126.140,00 EUR

Mit freundlichen Grüßen

Machinery World Deutschland GmbH

ppa. Dr. W. Müller

Dr. W. Müller

Zahlungsbedingungen: 14 Tage 3 % Skonto, 30 Tage netto Kasse

* Nähere Angaben entnehmen Sie bitte der beigefügten Broschüre.

Home:	Geschäftsführer:	Kontakt:	Bankverbindung:
Machinery World Deutschland GmbH	Gordon Blatter (Vorsitzender)	Internet: www.machinery-world.de	Deutsche Bank Hannover
Baumschulenallee 19	Dr. Wolfgang Müller	E-Mail: info@machinery-world.de	BLZ 250 700 24
30625 Hannover		Tel.: 0511 9566-0, Fax: 0511 9566-10	Kto.-Nr. 777 234 900
Sitz der Gesellschaft:	Vorsitzender des		
Hannover, Registergericht	Aufsichtsrats:	Umsatzsteuer-Identifikationsnummer:	Postbank Hannover
Hannover HRB 244108	Alexander von Grünburg	DE812085327	BLZ 250 100 30
			Kto.-Nr. 220 445 101
		Registrierungsnummer EAR:	
		WEEE-Reg.-Nr. DE 30409072	

Nach gründlicher Durchsicht der mitgeschickten Broschüre hat Herr Flügge für die neue Eismaschine die Einsatzmöglichkeiten überprüft und mögliche Kosten ermittelt:

Anschaffungskosten des Automaten	. . . .
Nutzungsdauer	10 Jahre
geschätzte Wiederbeschaffungskosten	120.000,00 EUR
kalkulatorischer Zinssatz	6 %
Standfläche der Maschine	20 m²
Platzkosten je m²/Monat	75,00 EUR/m²
Maschinenleistung	10 kw/h
Arbeitspreis je kw/h	0,18 EUR
Grundgebühr Elektroanschluss, monatlich	80,00 EUR
Kosten für Wartungsvertrag, jährlich	2.000,00 EUR
Werkzeugkosten pro Jahr	1.400,00 EUR
Betriebsstoffverbrauch pro Monat	750,00 EUR
davon fix	250,00 EUR

Bei einer 40-stündigen Arbeitswoche sind 2,5 Stunden erforderlich, um die Maschine umzurüsten und zu reinigen; die Anlage wird 48 Wochen im Jahr genutzt.

Weitere Informationen:

Umfangreiche Untersuchungen der Kostenstelle „Eisherstellung" lassen die folgenden Schlussfolgerungen im Hinblick auf die alten Kostenstellen zu:

Die Kostenstelle **Schockgefrierung ist durch das neue Verfahren bedeutungslos geworden,** sodass sie aufgelöst werden kann. Die Kostenstelle Eisherstellung unterscheidet sich nach Einführung des Maschinenstundensatzes im Verhältnis ihrer Restgemeinkosten zu den Fertigungslöhnen nicht mehr wesentlich von der Kostenstelle Tortenherstellung. Damit bleibt neben der Kostenstelle „Eismaschine" nur noch die Kostenstelle „Fertigung" für die Restgemeinkosten übrig. Diese Restfertigungsgemeinkosten stellen sich wie folgt dar:

➢ In alter Höhe bleiben bestehen die Verrechnungen für die Gehälter (4.670,29 EUR), die anderen betrieblichen Aufwendungen für Büromaterial (374,09 EUR) und Werbung (2.244,56 EUR), die kalkulatorischen Wagnisse (273,90 EUR) und die betrieblichen Versicherungen (1.149,00 EUR).

➢ In veränderter Höhe sind zu verrechnen der alte Hilfsstoffverbrauch mit jetzt 7.920,00 EUR, die Hilfslöhne mit 1.023,87 EUR, der Betriebsstoffverbrauch mit 19.800,00 EUR und der verbleibende Arbeitgeberanteil zur Sozialversicherung mit 3.431,80 EUR. Die maschinenunabhängige kalkulatorische Abschreibung beträgt jetzt nur noch 5.160,00 EUR und die kalkulatorischen Zinsen 7.400,00 EUR.

Die neuen Umlagen der allgemeinen Kostenstelle „Spedition" und der Hilfskostenstelle „Arbeitsvorbereitung" sind zu berücksichtigen. Umlage HKS AV auf die Restfertigungsgemeinkosten.

Umlage AKS: 2 : 3 : 3 : 0 : 7 : 0 : 4 : 2

Ferner sinken im Gegensatz zur ursprünglichen Schätzung die Fertigungslöhne inkl. Sozialabgaben **um 3.440,50 EUR auf dann 48.759,50 EUR.**

4.1 Berechnen Sie die aktivierungspflichtigen Anschaffungskosten für die Eismaschine. Gehen Sie davon aus, dass Sie innerhalb der Skontofrist bezahlen.

Aktivierungspflichtige Anschaffungskosten

Listenpreis	. . . . EUR
+ Transportkosten	. . . . EUR
+ Montagekosten	. . . . EUR
– Skonto	. . . . EUR
= Nettopreis (aktivierungspflichtig)	. . . . EUR

4.2 Recherchieren Sie die Grundlagen zur Zuschlagskalkulation mit Maschinenstundensätzen[1] und berechnen Sie in einem ersten Schritt die Maschinenlaufzeit der Anlage pro Jahr und pro Monat.

Maschinenlaufzeit pro Jahr und Monat (in Std.)	
Stunden pro Arbeitswoche	
Wartung und Umrüstung/Woche	
Arbeitswochen/Jahr	
effektive Laufzeit im Jahr	
effektive Laufzeit pro Monat	

4.3 Ermitteln Sie in einer übersichtlichen Darstellung (siehe PB 12) die maschinen**abhängigen** Fertigungsgemeinkosten der Anlage **pro Jahr und Monat**. Unterscheiden Sie dabei fixe und variable Kosten. Entscheiden Sie auch, ob die Umlage der HKS AV mit eingerechnet werden muss!

4.4 Fertigen Sie eine Aufstellung der neuen monatlichen maschinen**unabhängigen** Restgemeinkosten an (siehe PB 13).

4.5 Ermitteln Sie den Maschinenstundensatz pro Monat, berechnen Sie die Restgemeinkosten und den Restgemeinkostenzuschlagssatz.[2]

4.6 Richten Sie nun für einen **Monat** den neuen Maschinenplatz im BAB für die Eismaschine ein. Vervollständigen Sie dazu PB 14!

4.7 Berechnen Sie anschließend die neuen Herstellkosten des Monats und die Zuschlagssätze. Was fällt auf? Erläutern Sie den Sachverhalt.

---

1 Z.B. Speth (Hrsg.), a.a.O., S. 88ff.

2 Berücksichtigen Sie die Werte aus PB 14, S. 68.

Modell-unternehmen

KLR: Einstieg

Abgrenzung

BAB

MASCHINEN-STUNDEN

Prozess-kosten

Investition

Finanzierung

Musterklausur

Modell-unternehmen

KLR: Einstieg

Abgrenzung

BAB

MASCHINEN-STUNDEN

Prozess-kosten

Investition

Finanzierung

Musterklausur

4.8 Die Vorkalkulation für die Kostenträgerstückkalkulation ändert sich zunächst aufgrund der neuen Eismaschine wie folgt:

Produkte	Produkt I Milcheis	Produkt II Fruchteis	Produkt III Tielkühl-torten	Produkt IV Torten frisch
Bearbeitungszeit in Minuten: 27,89 EUR/h ? EUR/min	5 min	3 min	0 min	0 min
Maschinenkosten			0,00 EUR	0,00 EUR
verbleibende Fertigungslöhne	1,39 EUR	0,93 EUR	19,35 EUR	3,87 EUR
+ RestGK (____%)				
Fertigungskosten				

Führen Sie die veränderte Stückkalkulation zunächst für die Fertigungskosten aller Produktgruppen und anschließend für das Produkt Milcheis insgesamt durch!

Kalkulationsschema für eine Stückkalkulation (5,5-l-Schale Milcheis)			
		Ist-Zuschlag	
		in %	in EUR
	Fertigungsmaterial		3,10
+	Materialgemeinkosten		
=	Materialkosten		
	Fertigungslöhne Milcheis		1,39
+	Fertigungsgemeinkosten		
+	Eismaschine (5 min · 27,89 EUR/Std.)		
=	Herstellkosten		
+	Verwaltungsgemeinkosten		
+	Vertriebsgemeinkosten		
=	Selbstkosten für eine Schale Milcheis		

4.9 Die Marktforschung hat steigende Absatzmöglichkeiten bei sinkenden Angebotspreisen in Aussicht gestellt. Herr Flügge will nun von Herrn Braams wissen, wie sich der Maschinenstundensatz bei Absatzschwankungen und damit verbundenen Laufzeitänderungen verändern wird.

Berechnen Sie die veränderten Maschinenstundensätze für

➢ eine um 10 % erhöhte Laufzeit,

➢ eine um 20 % verminderte Laufzeit.

4.10 Beschreiben Sie, wie Sie bei den o. a. Laufzeitänderungen am Markt reagieren könnten. Entscheiden Sie sich und begründen Sie.

Maschinenabhängige Gemeinkosten

		Fixkosten		variable Kosten	
		pro Monat	pro Jahr	pro Monat	pro Jahr
Anschaffungskosten des Automaten	. . . .				
Nutzungsdauer	10 Jahre				
geschätzte Wiederbeschaffungskosten	120.000,00 EUR				
kalkulatorischer Zinssatz*	6 %				
Standfläche der Maschine	20 m²				
Platzkosten je m²/Monat	75,00 EUR/m²				
Maschinenleistung	10 kw/h				
Arbeitspreis je kw/h (Energiekosten)	0,18 EUR				
Grundgebühr Elektroanschluss, monatlich	80,00 EUR				
Kosten für **Wartungs**vertrag, jährlich	2.000,00 EUR				
Werkzeugkosten pro Jahr*	1.400,00 EUR				
Betriebsstoffverbrauch pro Monat	750,00 EUR				
davon fix	250,00 EUR				
Summen:					

* Hinweis zur Berechnung der maschinenabhängigen Gemeinkosten:

▲ Formel zur Berechnung des kalkulatorischen Zinssatzes: $\dfrac{\text{Wiederbeschaffungswert}}{2}$ · [1]

▲ Werkzeugkosten pro Jahr zählen zu den fixen Kosten.

Maschinenabhängige Gemeinkosten insgesamt bei obiger effektiver Laufzeit von 150 Stunden

pro Monat	. . . .
pro Jahr	. . . .

[1] Andere Berechnung möglich: $\dfrac{\text{Anschaffungskosten} \cdot 100}{2}$.

65

9 Korte - ISBN 978-3-8120-1028-3

Modell-unternehmen

KLR: Einstieg

Abgrenzung

BAB

MASCHINEN-STUNDEN

Prozess-kosten

Investition

Finanzierung

Musterklausur

Maschinenunabhängige Restgemeinkosten

PB 13

Gemeinkostenarten	monatliche maschinen**abhängige** Fertigungsgemeinkosten		monatliche Restgemeinkosten (maschinen**unabhängig**)
	variabel	**fix**	
Hilfsstoffverbrauch			
Hilfslöhne			
Gehälter			
AG-Anteil SV			
and. betr. Aufwendungen[1]			
kalk. Wagnisse			
Versicherungen			
kalk. Abschreibung			
kalk. Zinsen			
Platzkosten			
Energiekosten			
Wartungskosten			
Werkzeugkosten			
Betriebsstoffkosten			
Umlage AKS Spedition			
Umlage HKS AV			
Summen			

Maschinenplatz Eisherstellung

Maschinenstunden pro Monat:

. . . . h

Fertigungslöhne:

. . . . EUR

Maschinenstundensatz:

. . . . .EUR

Zuschlagssatz:

. . . . %

---

1 Büromaterial, Werbung.

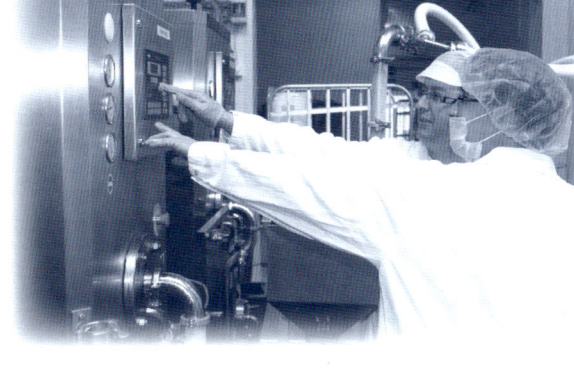

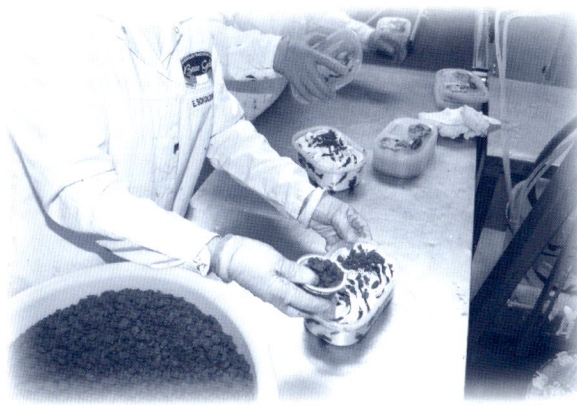

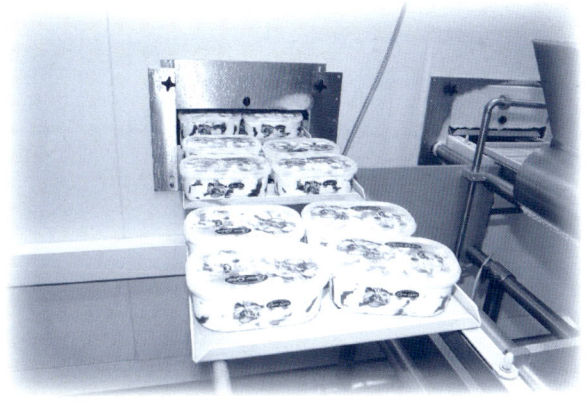

Modell-unternehmen

KLR: Einstieg

Abgrenzung

BAB

MASCHINEN-STUNDEN

Prozess-kosten

Investition

Finanzierung

Musterklausur

Erweiterter und mehrstufiger BAB unter Berücksichtigung des neuen Maschinenplatzes

 PB 14

Erweiterter und mehrstufiger Betriebsabrechnungsbogen der Bruno Gelato GmbH (in EUR)

Fertigungshauptkostenstellen (FHS): Tortenherstellung, Eisherstellung (Eismaschine, Restgemeink.), Schockgefrierung

Gemeinkostenarten	Zahlen der BER	AKS Spedition	Material	HIKS Arbeitsvorbereitung	Tortenherstellung	Eismaschine	Restgemeink.	Schockgefrierung	Verwaltung	Vertrieb
Hilfsstoffe	11.020,00	–	–	700,00	1.310,00	0,00	7.920,00	695,11	–	2.400,00
Betriebsstoffe	21.250,00	–	–	300,00	1.200,00	750,00	19.800,00	1.256,22	100,00	300,00
Hilfslöhne	11.320,75	3.651,00	2.600,00	504,88	1.514,65	0,00	1.023,87	1.009,77	0,00	3.541,00
Gehälter	32.511,89	5.314,00	6.120,00	1.556,76	3.113,53	0,00	4.670,29	2.335,14	13.397,84	1.453,00
soziale Abgaben	18.289,71	2.089,39	1.857,24	2.785,86	3.250,17	0,00	3.431,80	928,62	6.964,65	1.160,77
Büromaterial	1.932,81	124,70	498,79	249,40	498,79	0,00	374,09	249,40	249,40	436,44
Werbung	11.596,88	748,19	2.992,74	1.496,37	2.992,74	0,00	2.244,56	1.496,37	1.496,37	2.618,65
Versicherungen	7.277,00	1.149,00	1.532,00	383,00	383,00	0,00	1.149,00	383,00	1.532,00	1.532,00
kalk. Zinsen	16.345,89	4.005,89	490,72	1.017,02	953,46	300,00	7.400,00	1.271,28	1.499,00	1.633,26
kalk. Abschreibungen	12.000,00	1.557,09	1.342,00	140,00	510,00	1.000,00	5.160,00	1.500,00	1.090,91	1.710,00
kalk. Wagnisse	821,71	0,00	410,85	136,95	410,85	0,00	273,90	0,00	0,00	0,00
Grundgebühr Elektroanschluss	80,00					80,00				
Platzkosten	1.500,00	–	–	–		1.500,00			–	–
Energiekosten	270,00	–	–	–		270,00	–		–	–
Wartungskosten	166,67	–	–	–		166,67	–		–	–
Werkzeugkosten	116,67	–	–	–		116,67	–		–	–
Summe der Gemeinkosten	146.499,99[1]	18.639,26	17.844,35	9.270,25	16.137,19	4.183,33	53.447,51	11.124,91	26.330,16	16.785,13

[1] Rundungsdifferenz 0,01 EUR.

Fortsetzung:

Gemeinkostenarten	Zahlen der BER	AKS Spedition	Material	HIKS Arbeitsvorbereitung	Fertigungshauptkostenstellen (FHS)				Verwaltung	Vertrieb
					Tortenherstellung	Eisherstellung		Schockgefrierung		
						Eismaschine	Restgemeink.			
Summe der Gemeinkosten (Übertrag)	146.499,99	18.639,26	17.844,35	9.270,25	16.137,19	4.183,33	53.447,51	11.124,91	26.330,16	16.785,13
Verteilungsschlüssel		⤷	2	3	3	0	7	0	4	2
Umlage: AKS										
Zwischensumme										
Verteilungsschlüssel				⤷	3	0	5	0		
Umlage: HIKS										
Stellengemeinkosten										
Zuschlagsgrundlagen in EUR:										
Fertigungsmaterial			89.010,67							
Fertigungslöhne inkl. AG-Anteil zur SV					19.149,10		48.759,50	19.510,40		
Herstellungskosten des Umsatzes										
Zuschlagssätze in %										

Auswertung:

Modell-unternehmen

KLR: Einstieg

Abgrenzung

BAB

MASCHINEN-STUNDEN

Prozess-kosten

Investition

Finanzierung

Musterklausur

BAB und Maschinenstundensatz: Zusammenfassung mit Kartenmethoden

PB 15

Arbeitsauftrag

1. Sortieraufgabe: Begriffskarten werden individuell nach „weiß ich" und „weiß ich nicht" geordnet.

2. Strukturlegen: Begriffskarten werden in eine sinnlogische Struktur gelegt.[1]

3. Erklären Sie kurz mit eigenen Worten jeden Begriff.

Maschinenstundensatz-rechnung	
Selbstkosten	
Kostenträgerblatt	
Istkosten	
Kostenüberdeckung	
Hilfskostenstelle	
allgemeine Kostenstelle	
Zuschlagsgrundlage	
Gemeinkosten	
variable Kosten	

---

1 **Hinweis:** Jede Struktur ist individuell, fachliche Fehler aufgrund falscher Verknüpfung können erkannt und korrigiert werden.

Fixkosten	
maschinenabhängige Fertigungsgemeinkosten	
BAB	
Normalkosten	
Kostenunterdeckung	
Hauptkostenstelle	
Fertigungshauptkostenstelle	
Restgemeinkosten	
Laufzeit	
Maschinenplatz	
Zuschlagssätze	
Normalbeschäftigung	

Modell-unternehmen

KLR: Einstieg

Abgrenzung

BAB

MASCHINEN-STUNDEN

Prozess-kosten

Investition

Finanzierung

Musterklausur

Modell-unternehmen

KLR: Einstieg

Abgrenzung

BAB

Maschinen-stunden

PROZESS-KOSTEN

Investition

Finanzierung

Musterklausur

Ist die Einführung der Prozesskostenrechnung für die Bruno Gelato GmbH ein möglicher Ansatz? – Prozesskostenrechnung

Ausgangssituation

Nachdem Herr Braams sehr anschaulich und ausführlich die Vorteile der Verrechnung der Kosten für die neue Eismaschine durch die Maschinen-stundensatzrechnung präsentiert hat, wird die Entscheidung über den Kauf der Eismaschine unter den Anwesenden sehr kontrovers diskutiert. Da Fragen der Finanzierung noch nicht geklärt sind, muss die Entscheidung und damit auch die Einführung einer Maschinenstundensatzrech-nung erstmal vertagt werden.

Frau Lucchetta, die sich seit einigen Monaten aktiv in einer Bürgerinitiative engagiert, meldet sich zu Wort.

Frau Lucchetta: „Wir reden hier die ganze Zeit von verursachungsgerechter Verteilung der Kosten, aber überhaupt nicht mehr von der Notwendigkeit eines Unternehmers, Umweltschutzmaßnahmen zu ergreifen!

Erst vor einigen Monaten, als wir unsere Unterneh-mensphilosophie neu formulierten, war es uns sehr wichtig, den Umweltschutzgedanken auch bei uns im Unternehmen zu verwirklichen. Wir haben uns sehr lange mit der Forderung nach gesellschaftlicher Verantwortung und mit dem Begriff von Corporate Social Responsibility (CSR) beschäftigt. Also damit, dass auch wir gesellschaftlich Verantwortung über-nehmen wollten. Ich erinnere mich noch genau, das sollte durch umweltverträgliche und ressourcen-schonende Produkt- und Prozessgestaltung gesche-hen. Ich sehe im Moment überhaupt keinen Ansatz, dass unsere Überlegungen aus dem letzten Jahr hier berücksichtigt werden."

Herr Lucchetta: „Heidi, seitdem Du in Deiner Umweltschutzgruppe aktiv bist, muss doch nicht alles dem Umwelt-schutz unterliegen. Wir haben auch damals sehr ausführlich darüber gesprochen, dass wir uns das auch leisten können müssen! Meines Wissens erfüllen wir alle Auflagen und darüber hinaus sind Umweltschutzmaßnahmen immer mit höheren Kosten verbunden. Im Moment geht doch unsere Unternehmensstrategie in eine ganz andere Richtung!"

Herr Braams: „Frau Lucchetta, Sie haben ganz recht. Wenn wir unsere Strategie – Bio-Eis in Zukunft zu ver-markten – verfolgen, dann ist diese Ausrichtung langfristig richtig und wichtig."

Herr Lucchetta: „Das ist ja alles gut und schön, aber das müssen wir uns auch leisten können!"

Daraufhin meldet Herr Hansen sich zu Wort:

„Über die Notwendigkeit des Umweltschutzes brauchen wir aus meiner Sicht nicht zu diskutieren, aber ich bin hier in meiner Eigenschaft als Unternehmensberater. Lassen Sie mich das mal aus meiner Sicht betrachten. Ein Grundsatz des Controllings lautet: Was man nicht messen kann, kann man auch nicht steuern! Aber um etwas zu messen, müssen zunächst einmal Ziele, Maßgrößen und konkrete Vorgaben festgelegt werden. Dabei leitet sich ein Prozessziel immer von langfristigen Strategien des Unternehmens ab. Die Frage, ob Sie sich in Zukunft als nachhaltiges Unternehmen verstehen und auf diesem Gebiet Pionierarbeit leisten wollen, setzt voraus, dass Sie sich über Umweltkosten[1] allgemein und über die mögliche zusätzliche Kostenverteilung im Unternehmen näher beschäftigen."

---

1 Bei der Bruno Gelato GmbH fallen derzeit folgende Umweltkosten an: Entsorgung: 8.000,00 EUR p. a., Lizenzierung und Markennutzung „Grüner Punkt": 15.000,00 EUR p. a., sonstige Umweltkosten: 2.000,00 EUR p. a.

AB 5

Modell-
unternehmen

KLR:
Einstieg

Abgrenzung

BAB

Maschinen-
stunden

PROZESS-
KOSTEN

Investition

Finanzierung

Musterklausur

Herr Hansen holt tief Luft und beginnt mit einem langen Vortrag:[1]

„Die Umweltkosten eines Unternehmens stehen im Zusammenhang mit negativen Umwelteinwirkungen, die vom Leistungserstellungsprozess auf die natürliche Umwelt ausgehen. Sie ergeben sich aus betrieblichen Umweltschutzmaßnahmen, die das Ziel haben, Umwelteinwirkungen und damit letztlich Umweltbelastungen zu vermeiden, zu verringern oder zu beseitigen. Betriebliche Umweltschutzmaßnahmen treiben aber nicht nur Kosten in die Höhe, sondern können auch dazu beitragen, **Kosten zu senken.** Die Kosten dieser Umweltschutzmaßnahmen zu ermitteln, ist aber nur möglich, wenn die Umweltkosten in der Kostenkalkulation **separat** berücksichtigt werden.

Viele Unternehmen haben Schwierigkeiten, umweltschutzinduzierte Kostensenkungspotenziale zu identifizieren, weil sie weder Aufkommen noch Struktur der Umweltkosten kennen. Ich stelle Ihnen daher zwei Möglichkeiten vor, wie die in einem Unternehmen entstehenden Umweltkosten berücksichtigt werden können. Den Ausgangspunkt bildet die inhaltliche Abgrenzung des Begriffs Umweltkostenrechnung. Basierend auf einer Definition von Umweltkosten werde ich vier unterschiedliche Arten von Umweltkosten vorstellen. Anschließend werde ich zwei Arten näher erläutern, und damit abschließend eine Möglichkeit der Zuordnung der Umweltkosten anhand der Prozesskostenrechnung darstellen.

Liebe Frau Lucchetta, Sie haben vorhin ja auch schon die ökologische Verantwortung eines Unternehmens angesprochen. Die Umsetzung bedarf einer systematischen und umfassenden Umweltkosten- und Umweltinvestitionsrechnung, welche die Unternehmensführung bei umweltpolitischen Entscheidungen durch die Vorlage von zusammengestellten und aufbereiteten Informationen über Umweltkosten unterstützt. Mit den Umweltcontrollinginstrumenten sind im Wesentlichen Mengengrößen hinsichtlich des Ressourcenverbrauchs auf der **Inputseite** und der Abgabe von Emissionen, Abwasser, Abfällen sowie toxikologischen Stoffen auf der **Outputseite** ermittelt worden. Diese Mengendaten geben an, welche Umweltbeeinträchtigungen **wo und in welcher Höhe** durch das Unternehmen verursacht werden. Mithilfe einer **Umweltkostenrechnung** ist es möglich, die durch unternehmerische Umweltschutzmaßnahmen entstandenen Umweltkosten separat je Leistungseinheit auszuweisen, um so den Anteil umweltschutzorientierter Herstell- oder Stückkosten eines Erzeugnisses oder die Kosten, die bedingt durch eine notwendige Investition anfallen, feststellen zu können. Entsprechende Informationen können dann für ökologisch-ökonomische Optimierungsprozesse herangezogen werden.

Um zu klären, was genau unter dem Begriff Umweltkostenrechnung zu verstehen ist und wie die notwendigen Umweltkosteninformationen erfasst werden können, werden zunächst die einzelnen Bausteine des zusammengesetzten Begriffs „Umwelt-Kosten-Rechnung" erläutert. Auf Basis des Umweltbegriffes lassen sich Umweltkosten als das **in Geldeinheiten ausgedrückte Ergebnis von umweltbezogenen Maßnahmen verstehen,** die aufgrund von gesellschaftlichem oder behördlichem Druck sowie auf freiwilliger Basis im Unternehmen durchgeführt werden. Ziel der Maßnahmen kann dabei die Beseitigung, Vermeidung oder Verminderung von negativen Umweltwirkungen und Belastungen der Umwelt sein. Im Rahmen der Umweltkostenrechnung können die entstandenen Umweltkosten mithilfe traditioneller Rechentechniken und -verfahren bei einem veränderten Rechnungsaufbau und -ablauf erfasst und dokumentiert werden. Um diese Aufgabe unternehmensbezogen erfüllen zu können, stehen verschiedene Systeme der Kostenrechnung zur Verfügung. Diese Kostenrechnungssysteme können sowohl nach dem Kriterium des Zeitbezugs als auch nach **Art und Umfang der Zurechnung der Umweltkosten auf die einzelnen Leistungen eines Unternehmens (Kostenträger)** unterteilt werden.

Differenzierungen nach der Verrechnungsart ermöglichen eine Unterteilung in Voll- oder Teilkostenrechnungen. Während die Prozesskostenrechnung als ein Vollkostenrechnungssystem zum **Ziel hat, den einzelnen Kostenträgern sämtliche Kosten des leistungsbedingten Güterverbrauchs zuzuordnen,** werden den Kostenträgern in einem Teilkostenrechnungssystem nur die variablen Kostenanteile der insgesamt entstandenen Gesamtkosten zugerechnet. Darüber hinaus können auch die gesamten Energie- und Materialkosten bei der Betrachtung bestimmter Umweltkostenarten berücksichtigt werden."

....

„Ich kann Ihnen zur Prozesskostenrechnung noch einige Informationen zur Verfügung stellen."

---

1 Baumast, A./Pape, J. (Hrsg.): Betriebliches Umweltmanagement. Nachhaltiges Wirtschaften im Unternehmen, 4. Auflage, Ulmer Verlag, Stuttgart 2009, S. 191 ff.

Modell-
unternehmen

KLR:
Einstieg

Abgrenzung

BAB

Maschinen-
stunden

PROZESS-
KOSTEN

Investition

Finanzierung

Musterklausur

Nachdem Herr Hansen seine Ausführungen beendet hat, blickt er in ratlose Gesichter. Herr Flügge ergreift nach einer längeren Pause zuerst das Wort:

> „Herr Hansen, vielen Dank für Ihre Ausführungen. Sie waren sehr interessant und informativ. Wir werden hier im Hause über eine mögliche Umsetzung nachdenken müssen."

Arbeitsauftrag

5.1 Nehmen Sie zu dem Kurzvortrag von Herrn Hansen Stellung!

5.2 Erklären Sie den Begriff „Umweltkosten" und die verschiedenen **Umweltkostenarten**. Nutzen Sie die Informationen im IB 13 und bereiten Sie eine Präsentation Ihrer Ergebnisse vor.

5.3 Geben Sie einen Überblick zum Aufbau der Prozesskostenrechnung und bestimmen Sie die **laufenden Umweltschutzkosten** mithilfe der Prozesskostenrechnung. Nutzen Sie die Informationen in IB 14 und bereiten Sie eine Präsentation Ihrer Ergebnisse vor.

5.4 Grenzen Sie die laufenden Umweltschutzkosten voneinander ab. Nutzen Sie die Informationen in IB 15 und bereiten Sie eine Präsentation Ihrer Ergebnisse vor.

5.5 Zeigen Sie die Verrechnung der Umweltkosten auf die **Teil- und Hauptprozesse** auf. Nutzen Sie die Informationen in IB 16 und bereiten Sie eine Präsentation Ihrer Ergebnisse vor.

5.6 Aufgrund der in der Ausgangssituation beschriebenen Unternehmenslage soll Herr Flügge für die nächste Sitzung der Geschäftsleitung eine Tischvorlage zur Einführung einer verursachungsgerechten Verteilung der Umweltschutzkosten mithilfe der Prozesskostenrechnung vorbereiten.

Herr Braams, Leiter der Rechnungswesenabteilung, schlägt vor, bei der Verrechnung der Umweltkosten von der traditionellen Vollkostenrechnung zur Prozesskostenrechnung zu wechseln. Hierdurch sieht er die Möglichkeit, die Kosten verursachungsgerecht zuzuordnen und somit auch die Tätigkeiten zu identifizieren, die hohe Kosten verursachen.

Erstellen Sie stellvertretend für Herrn Flügge die geforderte Tischvorlage (benutzen Sie PB 16) und berücksichtigen Sie dabei folgende Punkte:

➢ Vor- und Nachteile der Prozesskostenrechnung,

➢ Mögliche Umsetzung im Unternehmen der Bruno Gelato GmbH.

Nutzen Sie die Informationen im IB 17.

Hinweis:

Für die Jahrgangsstufe 12 ist das Thema Prozesskostenrechnung (PKR) fakultativ, nach den Rahmenrichtlinien wird die PKR in der Jahrgangsstufe 13 behandelt. Es soll jedoch bereits an dieser Stelle die Möglichkeit gegeben werden, in die komplexe Materie einzusteigen. Die zur Lösung der Arbeitsaufträge benötigten Informationsblätter 13 bis 17 sowie das Projektblatt 16 finden Sie als Download unter www.merkur-verlag.de, Suchbegriff „1028", bzw. im Lehrerbegleitheft. Eine Vertiefung der PKR finden Sie in dem Arbeitsheft „Konzepte der Unternehmensführung und Organisation", Merkur-Arbeitsheft BN 1029, 2. Auflage 2012, S. 102ff., und in Speth u.a.: BRC, Band 3, Merkur-Lehrbuch BN 0540, 4. Auflage 2010, S. 146ff.

Advance Organizer

Aktiva   Passiva

Investition   Finanzierung

Wie entscheiden?

Wie bezahlen?

Modell-unternehmen

KLR: Einstieg

Abgrenzung

BAB

Maschinen-stunden

Prozess-kosten

INVESTITION

Finanzierung

Musterklausur

Modell-unternehmen

KLR: Einstieg

Abgrenzung

BAB

Maschinen-stunden

Prozess-kosten

INVESTITION

Finanzierung

Musterklausur

Wie geht es in der Bruno Gelato GmbH weiter? – Investitionsanlässe

Ausgangssituation

Anlässlich der Gesellschafterversammlung der Bruno Gelato GmbH am 11. November 20xx nimmt Herr Lucchetta zur wirtschaftlichen Lage des Unternehmens Stellung. Hier ein Ausschnitt aus seiner Rede:[1]

Herr B. Lucchetta: „... Egal ob Butter, Eier, Gemüse, Brot oder Geflügel: in diesem Jahr waren Lebensmittel so teuer wie schon lange nicht mehr. Von den andauernden Preiserhöhungen[2] ist jeder betroffen. Schließlich geht es um Grundnahrungsmittel wie Milch, Mehl und Fleisch.

Die meisten Verbraucher finden die höheren Preise unfair, wie eine Umfrage der Universität Erlangen-Nürnberg ergab. Jeder zweite Befragte kann die Preissprünge auch nicht nachvollziehen. Viele glauben, dass der Handel von ihnen profitiert. Die Wirklichkeit ist jedoch komplexer. Knappe Rohstoffe, höhere Herstellungskosten, Abhängigkeiten von Ernten, Exporten und dem Weltmarkt – ein dichtes Geflecht muss entwirrt werden, um die Ursachen der Teuerungen zu verstehen.

Schuld an unseren hohen Milchpreisen tragen angeblich die Millionen Chinesen und Inder, die vermehrt zu Joghurt und Käse greifen. Tatsächlich ist allein in China der Pro-Kopf-Verbrauch von Milch seit 1990 um 14 Liter gestiegen. Da die meisten Asiaten keinen Milchzucker vertragen, werden die Produkte speziell für sie bearbeitet. Trotzdem – unsere Milch trinken sie nicht. Deutschland exportiert zwar immer mehr Milch, davon fließen aber nur minimale Mengen nach Asien. Das Gros landete bei europäischen Nachbarn.

Die Nachfrage in Fernost hat dennoch das weltweite Gleichgewicht verschoben: Der Verbrauch von Milch steigt schneller als die Erzeugung – und damit auch der Milchpreis. Auch wir bekommen das zu spüren, denn die Milchbestände in der Europäischen Union sind längst aufgebraucht. Früher lebten wir im Überfluss, die Lagerkosten für Butterberge und Milchseen schlugen stark zu Buche. Darum führte man Milchquoten ein. Sie legen fest, welches Land in Europa wie viel Milch produzieren darf. Heute hindern sie die Landwirte daran, sich der Nachfrage anzupassen. Momentan wird diskutiert, die Quoten ab April zu erhöhen. Die höheren Milchpreise kommen bei den Verbrauchern verzögert an, da sie erst nach neuen Verträgen zwischen Molkereien und Handel weitergegeben werden. Die Milchbauern bekommen nun mehr Geld, müssen aber auch mehr für Tierfutter und Traktorensprit bezahlen. Futtergetreide wie Mais kostet jetzt etwa das Doppelte, auch weil es zunehmend zu Biosprit verarbeitet wird.

Immer mehr deutsche Landwirte setzen auf Treibstoff statt auf Nährstoff. Das heißt, sie nutzen ihre Anbauflächen für die Produktion von Bioenergie statt für Nahrungs- und Futtermittel. Denn das Geschäft mit Biodiesel und Bioethanol brummt. Die größere Menge an Biosprit treibt die Getreidepreise mit in die Höhe, ist aber nur **eine** Ursache für teurere Brötchen. Wie bei der Milch hat die weltweite Nachfrage das Angebot überholt. Schlechte Ernten weltweit verschlimmern die Situation. Als Konsequenz hat sich der Getreidepreis innerhalb eines Jahres nahezu verdoppelt. Hohe Heiz- und Stromkosten verteuern die Produktion zusätzlich. Brauereien sind genauso betroffen wie Keks-, Kuchen- und Nudelhersteller.

Preisentwicklung von ausgewählten Waren und Dienstleistungen

Veränderungen der Verbraucherpreise August 2010 gegenüber dem Vorjahresmonat

Preissenkungen	Preissteigerungen
Hörbücher auf CD	Zitronen
Fernsehgerät	Butter
Mehl	Zwiebeln
Mietwagen	Kopf- / Eisbergsalat
Zucker	Gurken
Notebook	Orangen
DVD- oder Videofilm	Paprikaschoten
Herrenanzug	Zucchini / Auberginen
Spielekonsole	Tomaten
Digitale Kamera	Kartoffeln

-60 -50 -40 -30 -20 -10 0 % 0 10 20 30 40 50 60

© Statistisches Bundesamt, Wiesbaden 2010

Abb.: Preisentwicklung

---

1 Vgl.: http://www.test.de/themen/essen-trinken/meldung/Lebensmittelpreise-Billig-war-einmal-1617295-2617295/

2 Vgl.: http://www.focus.de/finanzen/news/lebensmittel_aid_68277.html

Modell-unternehmen

KLR: Einstieg

Abgrenzung

BAB

Maschinen-stunden

Prozess-kosten

INVESTITION

Finanzierung

Musterklausur

Auch wenn es viele beim Einkauf vermuten: Der Handel bereichert sich nicht. In den letzten Jahren ist sein Gewinn eher gesunken, da er die höheren Kosten der Zulieferer nicht völlig an die Käufer weitergab. Zudem sind die Supermärkte der Endpunkt einer langen Produktionskette, an der ebenso Bauern, Verarbeiter, Verpackungsindustrie und andere beteiligt sind. Wenn jemand mehr Geld bekommt als vorher, dann die Erzeuger selbst.

Dass vereinzelte Händler oder Hersteller auch ungerechtfertigte Gewinne einfahren, kann keiner völlig ausschließen. Das Bundeskartellamt, das Wettbewerbsverstöße überwacht, hat dafür jedoch keine Beweise gefunden. Dem Amt zufolge gibt es bei Milcherzeugnissen keine Preisabsprachen oder ungerechtfertigte Erhöhungen. Es verhängte in den letzten Jahren vielmehr Strafen dafür, dass Ware zu Dumpingpreisen, also zu billig verkauft wurde. So gesehen gibt die aktuelle Preisdebatte Anstoß, über den wahren Wert von Lebensmitteln neu nachzudenken. Vielen Erzeugern stehen die paar Cent mehr zu, die der Verbraucher zähneknirschend an der Kasse zahlt. Zudem war Essen hierzulande bisher vergleichsweise günstig.

Kaum ein Europäer reagiert bei Lebensmitteln so preissensibel wie der Deutsche. Während seine Ausgaben für Konsumgüter seit Jahren steigen, verwendet er davon immer weniger fürs Essen: gerade mal 12 Prozent. Wegen dieses geringen Anteils an den Gesamtausgaben können die gestiegenen Lebensmittelpreise nur begrenzt für die Inflation verantwortlich gemacht werden. Im Vergleich zu den Lebensmittelpreisen unserer Nachbarn in Westeuropa war unser Preisniveau bisher recht niedrig. Milch, Käse und Eier sind hierzulande 13 Prozent billiger als im EU-Durchschnitt.

Die Preissteigerungen kompensieren die Deutschen durch eine verstärkte Schnäppchenjagd. Das wird vor allem am Schlüsselprodukt Butter deutlich. So lockte beispielsweise IKEA am Nikolaustag mit Butter für 50 Cent das Stück – laut Möbelhersteller war sie schnell ausverkauft. Auch die führenden Discounter Aldi und Lidl senkten von allen betroffenen Produkten als Erstes wieder den Butterpreis zu jener Zeit. Übrigens ermöglicht erst die Allgegenwart der Billigketten unseren günstigen Lebensstil. Sie haben einen Marktanteil von gut 40 Prozent – ein Spitzenwert in der EU.

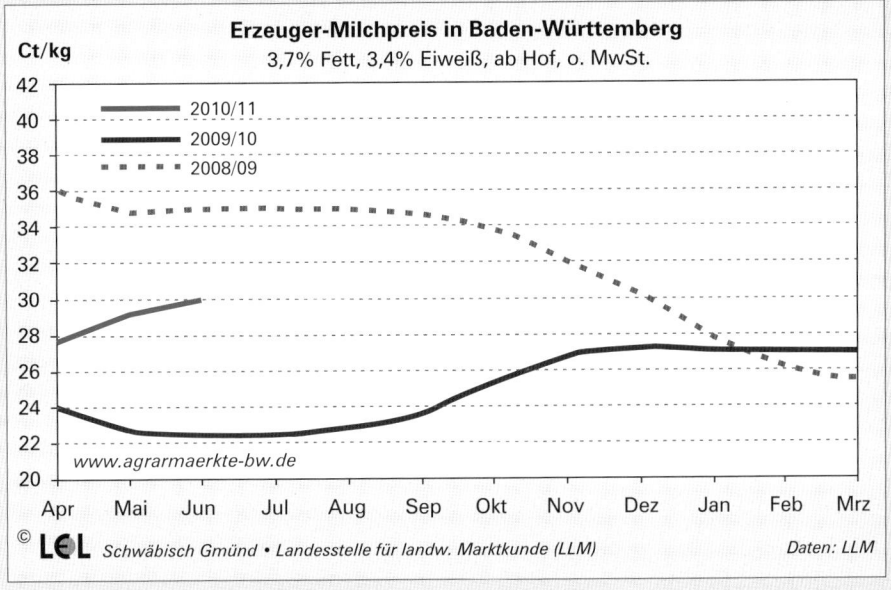

Abb.: Milchpreise der letzten 3 Jahre: Beispiel Erzeuger-Milchpreis in Baden-Württemberg[1]

Fest steht: Langfristig müssen die Konsumenten mehr für Nahrungsmittel ausgeben. Die Zeiten, in denen sie immer billiger werden, sind vorbei. Experten gehen von weiteren Preissteigerungen aus. Neue Vereinbarungen zwischen Produzenten und Handel werden entscheiden, wie viel auf jetzige Preise aufgeschlagen wird. Auch Süßwaren und Kaffee, Reis, Saft und Fleisch werden betroffen sein. Das Gleiche gilt für Bio-Ware. Die Preise für Bio-Milch, Bio-Getreide und Bio-Kartoffeln haben bereits angezogen und werden vorläufig kaum fallen. Die knappen Rohstoffe und die starke Nachfrage nach Bio-Produkten könnten den Preisabstand zu konventioneller Ware noch weiter vergrößern.

---

1 http://www.landwirtschaft-bw.info/servlet/PB/menu/1064526_l1/index.html

... Sie wissen, meine Damen und Herren, ich bin kein Mann **vieler Worte,** aber wir müssen uns jetzt darüber Gedanken machen, welche Auswirkung diese Entwicklung auf unser Unternehmen hat und welche Konsequenzen wir daraus zu ziehen haben!

Erheblich höhere Ausgaben für Rohstoffe und Energie sind über unsere Verkaufspreise am deutschen Markt nicht so ohne Weiteres durchsetzbar. Schon durch die Einführung der Maschinenstundensatzrechnung versuchten wir, die anfallenden Kosten verursachungsgerechter zu verteilen, um somit einen Großkunden halten zu können. Es ist für uns sehr wichtig, neue Großkunden zu gewinnen. Darüber hinaus ist es notwendig, diese Kunden langfristig an die Bruno Gelato GmbH zu binden. Gerade in der letzten Woche hat sich eine große Hotelkette für uns als zukünftigen Lieferanten entschieden!"

Herr St. Lucchetta: „Ich bin der Meinung, dass der Großauftrag mit unseren derzeitigen Eismaschinen nicht durchgeführt werden kann. Das würde bedeuten, dass neue Maschinen angeschafft werden müssen, wenn man diesen Großauftrag zusätzlich produzieren möchte. Ich habe große Bedenken: Sollten wir diesen Kunden nicht halten können, wie können wir dann später die Maschinenkapazitäten auslasten? Besonders in der jetzigen schwierigen Wirtschaftssituation ..."

Herr Flügge: „Dazu kommt erschwerend, dass Frau Harlof Investitionsanforderungen für das Labor vorgelegt hat und die Elektronik im Lager veraltet ist und dringend erneuert werden müsste."

Herr Lucchetta: „Bevor ich mich hier für eine Alternative entscheiden kann, brauche ich mehr Sicherheit und mehr Informationen über unsere Absatzplanung usw."

Frau Lucchetta: „Wir haben uns im letzten Jahr viele Gedanken über unsere Unternehmensziele und unsere Unternehmensphilosophie gemacht. Ich möchte, dass wir unsere Unternehmensziele weiterverfolgen und neben ökonomischen Zielen jetzt auch endlich die ökologischen Ziele noch stärker berücksichtigen."

Herr Flügge: „Ich sehe schon, wir werden heute keine Entscheidung treffen können. Ich werde für die nächste Sitzung ein Diskussionspapier vorbereiten lassen, um dann besser zu einer Entscheidung kommen zu können."[1]

Arbeitsauftrag

Bereiten Sie stellvertretend für Herrn Flügge das Diskussionspapier vor. Nutzen Sie zur Bearbeitung Ihr Schulbuch[2] und das IB 18.

6.1 Ist eine größere Investition unter den oben angegebenen volkswirtschaftlichen Bedingungen betriebswirtschaftlich sinnvoll?

6.2 Informieren Sie sich über die Unternehmensziele, die bei einer derartigen Investition berücksichtigt werden müssen und die Auswirkungen auf eine Investitionsentscheidung haben.

6.3 Sammeln Sie Argumente für die Aussage von Frau Lucchetta, dass bei einer Investition in verstärktem Maße auch ökologische Ziele verfolgt werden sollten.

6.4 Beschreiben Sie mögliche Risiken und Chancen einer Investitionsentscheidung.

6.5 Präsentieren Sie Ihre Ergebnisse.

---

1 In Anlehnung an: http://www.clatsch.de/2010/01/31/lebensmittel-wird-2010-alles-teurer-preisentwicklung/Zugriff
2 Z.B. Speth (Hrsg.), a.a.O., S. 200ff.

Modell-unternehmen

KLR: Einstieg

Abgrenzung

BAB

Maschinen-stunden

Prozess-kosten

INVESTITION

Finanzierung

Musterklausur

Modell-unternehmen

KLR: Einstieg

Abgrenzung

BAB

Maschinen-stunden

Prozess-kosten

INVESTITION

Finanzierung

Musterklausur

Kapitalbedarfsrechnung (Teil 1)

 **18**

Grundlagen des Investitionsprozesses

Dem Begriff der Kapitalbeschaffung ist der Begriff der **Kapitalverwendung** gegenüberzustellen. Die Verwendung von finanziellen Mitteln zur Beschaffung von Sachvermögen, immateriellem Vermögen oder Finanzvermögen (Maschinen, Vorräte, Patente, Lizenzen, Wertpapiere, Beteiligungen) bezeichnet man als **Investition.**

Die Begriffe **Finanzierung** und Investition stehen in einem engen Zusammenhang, denn eine Mittelverwendung hat eine **Mittelbeschaffung** zur Voraussetzung. Ein Investitionsplan ist ohne Bedeutung, wenn die geplante Investition nicht finanziert werden kann. Andererseits ist die Beschaffung finanzieller Mittel für einen Betrieb ohne praktischen Wert, wenn er für sie keine Ertrag bringende Verwendung hat. Mittelverwendung setzt grundsätzlich Mittelbeschaffung voraus; Mittelbeschaffung muss grundsätzlich Mittelverwendung zur Folge haben.[1]

Investitionsplanung als Teilbereich der Gesamtplanung[2]

Aufgabe der **Investitionsplanung** ist es, Mittel bereitzustellen für die Anschaffung von Investitionsgütern und für die laufende Bestreitung der damit verbundenen Ausgaben, z. B. Zinsen, Reparaturen, Energiekosten, Material- und Personalaufwendungen (soweit dem Investitionsgut zurechenbar). Die Ausgaben sollen durch laufende Einnahmen und einen eventuellen Liquidationserlös der Anlagegüter ausgeglichen und möglichst überkompensiert werden (Einnahmen > Ausgaben). Soweit über die Einnahmen die Anschaffungskosten der Investitionsgüter zurückfließen, spricht man von **Desinvestition.**

Gegenstand der Investitionsrechnung

Die Investitionsrechnung ist eine Hilfe bei Entscheidungen im Bereich der Investitionsplanung, soweit sie sich auf mittel- bzw. langfristige Investitionsentscheidungen bezieht und somit das Anlagevermögen betrifft.

Investitionen im Anlagevermögen führen zwangsläufig zu Investitionen im Umlaufvermögen. Kurzfristige Beschaffungen im Gesamtbereich des Umlaufvermögens bleiben bei den Investitionsentscheidungen unberücksichtigt.

Orientierung der Investitionsentscheidungen

Vorrangig ist die Orientierung am Gewinnziel: Die Rentabilität (Verzinsung des eingesetzten Kapitals) steht im Vordergrund. Weiter ist die Sicherheit der Investition zu beachten.

Maßstab dafür ist ein möglichst rascher Kapitalrückfluss (Amortisation) bzw. die Erhaltung der Liquidität.

Soweit diese Zielgrößen quantifizierbar sind, bieten sich die Verfahren der Investitionsrechnung als Entscheidungshilfe an.

Investitionsziel

Die Investitionen lassen sich nach folgenden **Investitionszielen** unterscheiden:[3]

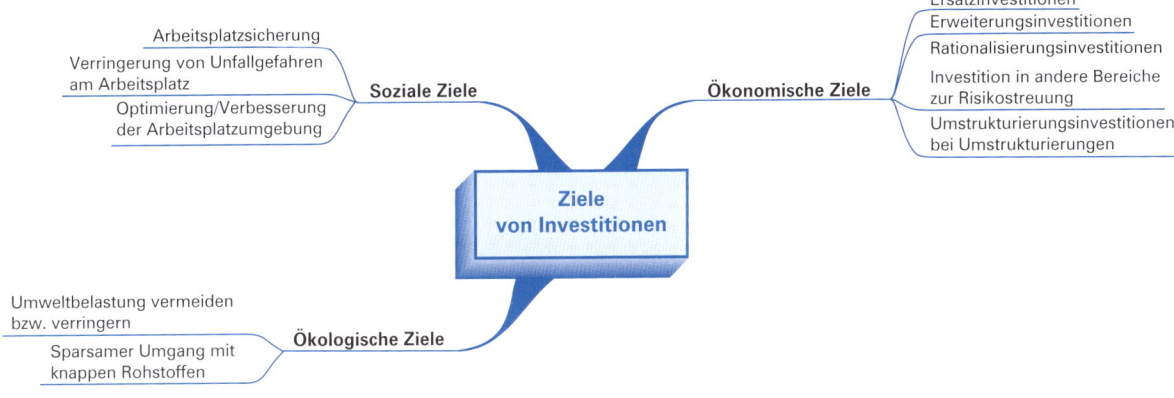

---

1 Wöhe, G., Bilstein, J.: Grundzüge der Unternehmensfinanzierung, 9. Auflage, Vahlen Verlag, München 2002, S. 3.

2 Meffle, G., Heyd, R., Weber, P.: Das Rechnungswesen der Unternehmung als Entscheidungsinstrument, Bd. 1, 3. Auflage, Fortis Verlag 2002, S. 359.

3 Vgl. Zischg, K., Investitionen planen und bewerten, Haufe Verlag, München 2005, S. 25.

Bewertungskriterien

Für eine Investitionsentscheidung werden qualitative und quantitative Bewertungskriterien[1] von Investitionsalternativen herangezogen.

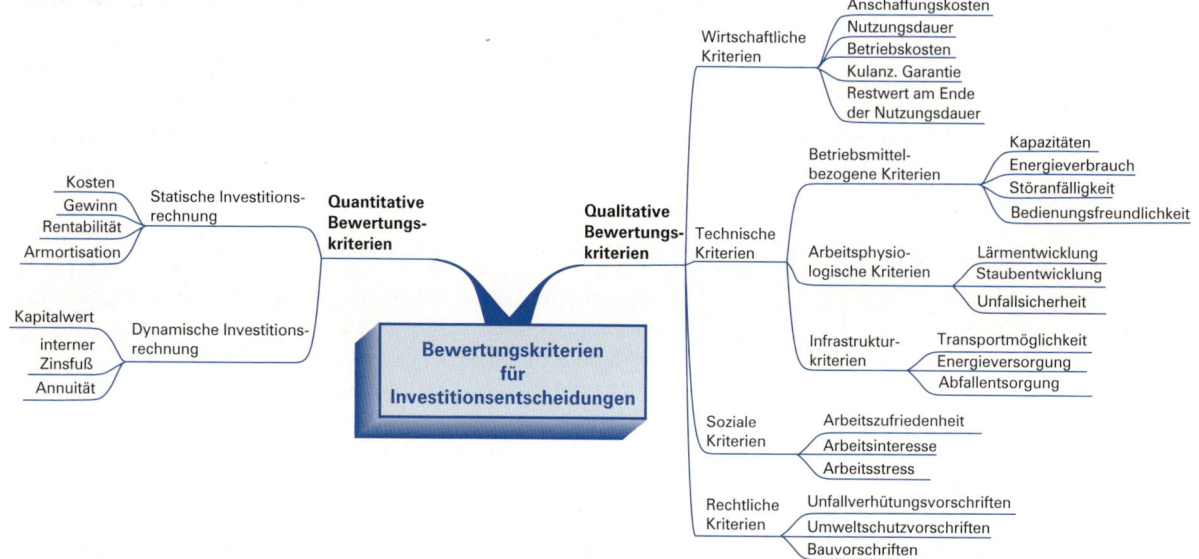

Kapitalbedarfsrechnung[2]

Kapitalbedarf entsteht, wenn in der Unternehmung zwischen den mit der Beschaffung der Produktionsfaktoren (Werkstoffe, Betriebsmittel und Arbeitsleistung) verbundenen Ausgaben und dem Absatz mit den daraus sich ergebenden Einnahmen ein mehr oder weniger großer Zeitraum zu überbrücken ist. Die Höhe des Kapitalbedarfs wird durch verschiedene Einflussfaktoren bestimmt. Die möglichst genaue Ermittlung des Kapitalbedarfs ist Voraussetzung, um die jeweils angemessenen finanzwirtschaftlichen Entscheidungen treffen zu können, z. B. in welchem Umfang bzw. Verhältnis verschiedene Finanzierungsarten genutzt werden sollen. Der Kapitalbedarf wird im **Finanzplan** durch Gegenüberstellung der Einnahmen- und Ausgabenströme erfasst. Ziel ist die Erhaltung des finanziellen Gleichgewichts, d. h. die Zahlungsströme so aufeinander abzustimmen, dass Liquidität (Zahlungsbereitschaft) gesichert bzw. Illiquidität (Zahlungsunfähigkeit) vermieden wird.

(1) Anlagebedarf[3]

Das Kapital für den Aufbau und die Ingangsetzung des Betriebes dient vorwiegend der Finanzierung des Anlagevermögens, aber auch dem Aufbau einer leistungsfähigen Organisation und der Finanzierung jener Ausgaben, die mit der Planung und Realisierung der Betriebsbereitschaft zusammenhängen. Es bildet den langfristig gebundenen Grundstock des Gesamtkapitals und lässt sich auf der Grundlage eines in Zusammenarbeit mit den Technikern des Betriebes aufgestellten **Gründungs- oder Erweiterungsplans** ermitteln. Dieser Plan hat in Einzelheiten auszuweisen:

> ➤ das beabsichtigte Leistungsprogramm des Betriebes unter Kennzeichnung der damit auszuübenden Betriebsfunktionen,

> ➤ die aus den Ergebnissen einer an den Beschaffungs- und Absatzmärkten durchgeführten Marktforschung sich ergebende zeitlich-quantitative Leistungsmöglichkeit,

> ➤ die dem Leistungsprogramm entsprechende Leistungstechnik und Betriebsgröße,

---

1 Vgl. Olfert/Reichel, Kompakt-Training Investition, 3. Auflage, Kiehl Verlag 2003, S. 51 ff.

2 Meffle u. a., a. a. O., S. 267.

3 Vormbaum, H.: Finanzierung der Betriebe, 9. Auflage, Gabler Verlag, Wiesbaden 1995, S. 141.

80

© MERKUR VERLAG RINTELN – Korte

> die in technisch-räumlicher Hinsicht zu wählende Betriebsorganisation,

> die damit erforderliche sachliche Ausstattung zur Herstellung der Betriebsbereitschaft einschließlich der speziellen Anforderungen, denen die einzelnen Leistungsmittel zu entsprechen haben,

> den unter Abwägung der Markt- und Leistungsbedingungen zu wählenden rentabilitätsgünstigsten Standort,

> die zu wählende Rechtsform und

> den zur Herstellung der technischen Betriebsbereitschaft insgesamt und in Teilabschnitten erforderlichen Zeitbedarf.

(2) Umlaufbedarf[1]

Bestimmungsfaktoren des Kapitalbedarfs

Die Höhe des Kapitalbedarfs ist abhängig von Mengen-, Zeit- und Preisfaktoren.

● Mengenfaktor

Zu den Mengenfaktoren gehören vor allem die Betriebsgröße und der Umfang des Leistungsprogramms (Produktionsprogramm bzw. Sortiment).

Bei zunehmender Betriebsgröße bzw. Erweiterung des Leistungsprogramms entsteht erhöhter Kapitalbedarf, bei abnehmender Betriebsgröße bzw. Straffung des Leistungsprogramms wird er dagegen geringer.

● Zeitfaktor

Der betriebliche Produktionsprozess wird zeitlich bestimmt durch die folgenden Abschnitte:

> **Lagerdauer der Werkstoffe + Fertigungsdauer + Lagerzeit der Fertigerzeugnisse**

Sind diese Zeiten insgesamt bzw. einzelne Abschnitte relativ lang, so bedingt die damit verbundene höhere Kapitalbindung auch einen größeren Kapitalbedarf. Beanspruchte Zahlungsziele von Lieferanten vermindern durch den späteren Zahlungszeitpunkt die Kapitalbindung, während an Kunden gewährte Ziele die Kapitalbindung erhöhen:

> **Kapitalbedarf = Faktoreneinsatz je Tag x Kapitalbindung**

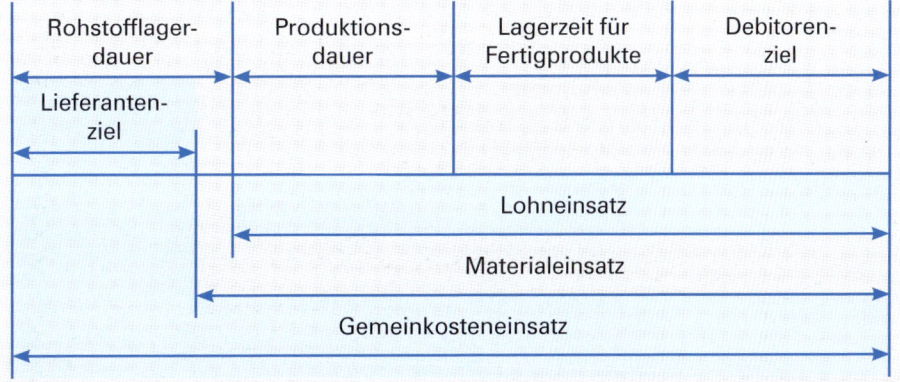

Quelle: Perridon, L. u. a., Finanzwirtschaft der Unternehmung, 15. Auflage, Vahlen Verlag, München 2009, S. 661.

---

1 Meffle, u. a., a. a. O., S. 267 f.

11 Korte - ISBN 978-3-8120-1028-3

Modell-
unternehmen

KLR:
Einstieg

Abgrenzung

BAB

Maschinen-
stunden

Prozess-
kosten

INVESTITION

Finanzierung

Musterklausur

„Was wäre wenn ...?" – Konkrete Ermittlung des Kapitalbedarfs

AB 6.1

Ausgangssituation

Die Geschäftsleitung der Bruno Gelato GmbH hat in der letzten Sitzung nach langer Diskussion mit den Gesellschaftern noch keine Entscheidung getroffen.

Um die Marktchancen zu nutzen, eine Hotelkette als Großkunden zu gewinnen und zusätzlich eventuell auf dem Bio-Eis-Markt in Zukunft sich zu etablieren, plant Herr Lucchetta, eine Betriebserweiterung durchzuführen. Dieser Vorschlag und die Möglichkeit einer Beteiligung an der Deli Eis GmbH bzw. der Eismaschinen GmbH sollen auf der Jahresversammlung mit allen Gesellschaftern endgültig geklärt werden.

Herr Flügge, der auf jeden Fall eine Betriebserweiterung bevorzugt, stellt folgende Daten zur Ermittlung des Gesamtkapitalbedarfs dafür zur Verfügung:

Erstellung eines Gebäudes, Nutzungsdauer: 50 Jahre	500.000,00 EUR
Kauf maschineller Anlagen (Stickstofftunnel), Nutzungsdauer: 10 Jahre	100.000,00 EUR
Ausgaben für Marktforschung	20.000,00 EUR
Täglicher Materialverbrauch	7.000,00 EUR
Tägliche Lohnzahlungen	1.500,00 EUR
Kalkulierte Materialgemeinkosten in % des Materialverbrauchs	40 %
Kalkulierte Fertigungsgemeinkosten in % der Fertigungslöhne	100 %
Kalkulierte VwGK und VtGK pro Tag in % der Herstellkosten	30 %
Ø Lagerdauer des Fertigungsmaterials (FM)	10 Tage
Ø Produktionsdauer	8 Tage
Ø Lagerdauer der Fertigprodukte	12 Tage
Ø Zahlungsziel der Lieferanten	21 Tage
Ø Zahlungsziel der Bruno Gelato GmbH	30 Tage

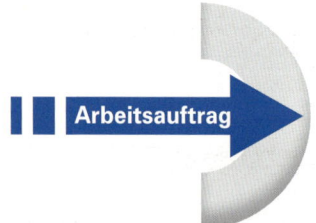

Arbeitsauftrag

6.1.1 Ermitteln Sie den **Anlagekapitalbedarf**, den **Umlaufkapitalbedarf** und den **Gesamtkapitalbedarf**.

> **Hinweis:**
>
> Von den **FGK und MGK sind 40 % ausgabewirksam,**[1] **die VwGK und VtGK sind voll ausgabewirksam.** Es wird zur Vereinfachung unterstellt, dass die Produktionszeit nach Ablauf der durchschnittlichen Lagerdauer für das Fertigungsmaterial einsetzt. Nutzen Sie die nachfolgende Tabelle (PB 17).

6.1.2 Der Leiter der Verkaufsabteilung, Herr Banderob, unterbreitet der Geschäftsleitung folgenden Vorschlag:

> Für den Großauftrag der Discontkette ist es uns durch lange und hartnäckige Verhandlungen gelungen, bei unserem Hauptlieferanten für die benötigten Materialien die Zahlungsziele um 10 Tage zu verlängern.[2] Herr Neugebauer – Außendienstmitarbeiter – macht den Vorschlag, die Verlängerung des Zahlungszieles direkt an unsere Kunden weiterzugeben.

Beurteilen Sie diesen Vorschlag unter dem Gesichtspunkt des benötigten Kapitalbedarfs!

---

1 In den Gemeinkosten sind Anderskosten (z.B. kalk. Zinsen, kalk. Abschreibungen) und Zusatzkosten (z.B. Unternehmerlohn) enthalten. Diese Kosten führen weder in dieser Abrechnungsperiode noch grundsätzlich zu Ausgaben.

2 Siehe hierzu auch AB 7.5, S. 138 ff.

Kapitalbedarfsrechnung (Teil 2)

Kapitalbedarf setzt sich aus zwei Teilen zusammen:[1]

1. Der **Anlagekapitalbedarf** ist Grundlage für die Sicherheit der Betriebsbereitschaft des Unternehmens. Im Bereich des Anlagevermögens geht man für die Ermittlung des Kapitalbedarfs in herkömmlicher Weise von den Anschaffungswerten aus. Für die einzelnen Betriebsmittel sind das z. B.

> Anschaffungspreis
> + Transportkosten + Montagekosten + Versicherungen + Provision
> = Anschaffungskosten

Die Addition der Werte der benötigten Anlagegüter ergibt dann den **Anlagekapitalbedarf**.

2. Der **Umlaufkapitalbedarf** dient der Sicherung des Prozesses der Leistungserstellung. Seine Ermittlung stellt im Vergleich zum Anlagevermögen größere Anforderungen, weil Wertgrößen der täglichen Auszahlungen und die Dauer der Bindung des Vermögens nicht ohne Weiteres festgelegt werden können.

Die Ermittlung des Umlaufkapitalbedarfs geschieht in drei Schritten:

> ➤ Zunächst erfolgt die Feststellung der Kapitalbindungsdauer, die sich durch die zeitlichen Vorgaben der verschiedenen Leistungsprozesse ergibt:

Beispiel:		
	Zeitdauer der Rohstofflagerung	20 Tage
	Zeitdauer der Produktion	15 Tage
	Zeitdauer der Lagerung von Fertigerzeugnissen	10 Tage
	Zeitdauer des Kundenziels	30 Tage
	Zeitdauer des Lieferantenziels	10 Tage

Die Zeitdauer eines eingeräumten Lieferantenziels muss von der Kapitalbindung abgesetzt werden.

> ➤ Danach wird die Feststellung der durchschnittlichen täglichen Werteinsätze vorgenommen:

Beispiel:		
	Durchschnittlicher täglicher Werkstoffeinsatz	7.000,00 EUR
	Durchschnittlicher täglicher Lohneinsatz	10.000,00 EUR
	Durchschnittlicher täglicher Gemeinkosteneinsatz	2.000,00 EUR

> ➤ Schließlich erfolgt die Ermittlung des umlaufbezogenen Kapitalbedarfs nach folgender Faustformel:

> **Kapitalbedarf des Umlaufvermögens = täglicher Werteinsatz · Bindungsdauer**

Berechnung der Beispielaufgabe:

Werteinsatz		Bindungsdauer in Tagen		
Werkstoffeinsatz	7.000,00 EUR	(20 + 15 + 10 + 30 – 10)	=	455.000,00 EUR
Lohneinsatz	10.000,00 EUR	(15 + 10 + 30)	=	550.000,00 EUR
Gemeinkosteneinsatz	2.000,00 EUR	(20 + 15 + 10 + 30)	=	150.000,00 EUR
				1.155.000,00 EUR

3. Der **Gesamtkapitalbedarf** ergibt sich aus der Addition des Anlagekapitalbedarfs und des Umlaufkapitalbedarfs.

---

[1] Vgl. Olfert/Reichel: Kompakt-Training Investition, 3. Auflage, Kiehl Verlag 2003, S. 74 ff.

Ermittlung des Kapitalbedarfs der Bruno Gelato GmbH

PB 17

1. Kapitalbedarf für das Anlagevermögen:

Gebäude	. . . . EUR
Stickstofftunnel	. . . . EUR
Marktforschung	. . . . EUR
Kapitalbedarf des Anlagevermögens	. . . . EUR

2. Kapitalbedarf für das Umlaufvermögen:

täglicher Materialverbrauch 7.000,00 EUR		
Finanzbedarf für Material-Einzelkosten		
40 % MGK (2.800,00 EUR · Kapitalbindungsdauer)		
Summe Kapitalbedarf für Materialkosten		
tägliche Lohnzahlungen 1.500,00 EUR		
tägliche Lohnzahlungen · Kapitalbindungsdauer		
100 % Fertigungsgemeinkosten von 1 500,00 EUR davon 40 % = 600,00 EUR ausgabewirksam		
Summe Fertigungskosten		
Vertriebskosten und Verwaltungskosten[1]		
Herstellkosten		
Verwaltungs- und Vertriebskosten (3.570,00 EUR · Kapitalbindungsdauer)		
Summe Umlauffinanzierung		

Summe Grundfinanzierung	
Summe Umlauffinanzierung	
Gesamter Kapitalbedarf	

---

1 Andere Berechnung möglich.

Berechnung der Kapitalbindungsdauer bei der Bruno Gelato GmbH[1]

Fertigungsmaterial:

Durchschnittliche Lagerdauer des FM
+ Durchschnittliche Produktionsdauer
+ Durchschnittliche Lagerdauer der F-Produkte
+ Durchschnittliches Zahlungsziel der Kunden
− Durchschnittliches Zahlungsziel der Lieferanten

= Kapitalbindungsdauer

Fertigungslöhne:

Durchschnittliche Produktionsdauer
+ Durchschnittliche Lagerdauer der F-Produkte
+ Durchschnittliches Zahlungsziel der Kunden

= Kapitalbindungsdauer

Materialgemeinkosten:

Durchschnittliche Lagerdauer des FM
+ Durchschnittliche Produktionsdauer
+ Durchschnittliche Lagerdauer der F-Produkte
+ Durchschnittliches Zahlungsziel der Kunden

= Kapitalbindungsdauer

Fertigungsgemeinkosten:

Durchschnittliche Produktionsdauer
+ Durchschnittliche Lagerdauer der F-Produkte
+ Durchschnittliches Zahlungsziel der Kunden

= Kapitalbindungsdauer

Vertriebsgemeinkosten und Verwaltungsgemeinkosten:

Durchschnittliche Produktionsdauer
+ Durchschnittliche Lagerdauer der F-Produkte
+ Durchschnittliches Zahlungsziel der Kunden

= Kapitalbindungsdauer

---

1 Andere Berechnungen möglich.

Modell-unternehmen

KLR: Einstieg

Abgrenzung

BAB

Maschinen-stunden

Prozess-kosten

INVESTITION

Finanzierung

Musterklausur

Modell-unternehmen

KLR: Einstieg

Abgrenzung

BAB

Maschinen-stunden

Prozess-kosten

INVESTITION

Finanzierung

Musterklausur

„Jetzt müssen wir erst einmal rechnen ...?" – Statische Verfahren der Investitionsrechnung

Ausgangssituation

Im Unternehmen der Bruno Gelato GmbH ist der Gesamtkapitalbedarf für die Erweiterung der Kapazitäten ermittelt. Jetzt überlegen Herr Lucchetta und Herr Flügge, ob es sich überhaupt lohnt, eine so hohe Summe zusätzlich zu investieren. Herr Lucchetta hegt große Zweifel.

Im Moment bietet die Hausbank rund 5 % Zinsen für eine mittelfristige Geldanlage. Auch die wirtschaftliche Situation macht ihm große Sorgen. Ist das Unternehmen in der Lage, eine Investition in dieser Größenordnung in den nächsten Jahren zu erwirtschaften? Zudem sollen die finanzi-

ellen Mittel der GmbH optimal eingesetzt werden, um auch weiterhin am Markt wettbewerbsfähig zu bleiben und um die Gewinnchancen zu verbessern. Dies könnte durch die Kapazitätserweiterung erzielt werden. Um dieses Ziel erreichen zu können, sollen die folgenden Überlegungen angestellt werden. Um eine Kapazitätserweiterung durchführen zu können, plant die Geschäftsleitung, zuerst einen zusätzlichen Stickstofftunnel zu kaufen, in dem das gefertigte Eis bei – 110° C für 30 Minuten abgekühlt werden muss. Hier entsteht bei der Herstellung bislang ein Engpass, sodass damit der Großauftrag im Zweischichtdienst und den **bisherigen Eismaschinen** angenommen werden könnte.

Zur Auswahl stehen zwei Anlagen mit folgenden Kennzahlen:

	Anlage I	Anlage II
Anschaffungswert Kosten:	100.000,00 EUR	150.000,00 EUR
➤ fixe Kosten p. a.	30.860,00 EUR	28.650,00 EUR
➤ variable Kosten	112.300,00 EUR	111.200,00 EUR
Zusätzliche Kosten:		
➤ Abschreibungsbetrag p. a.	linear	linear
➤ kalkulatorischer Zins	10 %	10 %
Weitere Angaben:		
Nutzungsdauer	8 Jahre	8 Jahre
Ausbringungsmenge p. a.	voraussichtlich 60.000,00 l	voraussichtlich 60.000,00 l
Erlöse pro Liter	3,62 EUR	3,62 EUR
Ausbringungsmenge p. a.	76.000,00 Liter	90.000,00 Liter

Weitere Angaben zur Qualität:	Anlage I	Anlage II
Wartungsarbeiten	lt. Vertrag, jährlich	nur auf Nachfrage und auf Rechnung
Abfragemodul (via Satellit)	kann ggf. zusätzlich erworben werden bzw. Leasing möglich	im Angebot enthalten
Stickstoffgasanlieferung	gasförmig nur in Stahlflaschen möglich	gasförmig in Stahlflaschen und in Bündeln möglich
Qualitätsmerkmale	entspricht der Reinheitsspezifikation E 941 nach der Richtlinie 96/77/EG	entspricht der Reinheitsspezifikation E 941 nach der Richtlinie 96/77/EG
Lieferzeitpunkt	Ende nächsten Jahres	Ende des Geschäftsjahres
Lieferant	unbekannt	langjährige gute Geschäftsbeziehungen

Modell-
unternehmen

KLR:
Einstieg

Abgrenzung

BAB

Maschinen-
stunden

Prozess-
kosten

INVESTITION

Finanzierung

Musterklausur

Herr Flügge, der schließlich erfolgreich einige Jahre Betriebswirtschaft studiert hat, kann Herrn Lucchetta beruhigen. Es gibt zwei Methoden der Investitionsberechnung:

➤ die statische Investitionsrechnung und

➤ die dynamische Investitionsrechnung.

Herr Flügge muss sich nach Durchsicht seiner alten Universitätsunterlagen wieder in die Problematik der Investitionsrechnung einarbeiten.

Die **statischen Investitionsrechnungsverfahren,** wie die **Kostenvergleichsrechnung** und die **Gewinn-vergleichsrechnung,** beziehen sich auf **eine ausgewählte Periode**. Sie versuchen, die Vorteilhaftigkeit einer Investition zu ermitteln, indem sie die erwarteten Aufwendungen und Erträge bzw. Kosten und Leistungen des Investitionsobjektes bestimmen und auswerten.

Zuerst will Herr Flügge mithilfe der **statischen Investitionsrechnung** zeigen, welche Alternative unter rechnerischen Gesichtspunkten die günstigere ist. Nutzen Sie als Informationshilfe zur Lösung der folgenden Aufgaben Ihr Schulbuch[1] und das IB 20.

6.2.1 Erstellen Sie auf der Grundlage der vorangestellten Daten eine tabellarische **Kostenvergleichsrechnung**.

6.2.1.1 Berechnen Sie, bei welchem Stickstofftunnel die Produktion bei **jeweils maximaler Kapazität** kostengünstiger ist. Berücksichtigen Sie:

	Anlage I	Anlage II
kalkulatorische Abschreibungen		
+ kalkulatorische Zinsen		
+ sonstige fixe Kosten		
= fixe Kosten gesamt		
+ variable Kosten gesamt		
= Gesamtkosten		
Ausbringungsmenge		
Stückkosten (k gesamt)		

Aus Vereinfachungsgründen gehen wir davon aus, dass der Anschaffungswert dem Wiederbeschaffungswert entspricht. Ein Restwert (RW) fällt weder für das eine noch für das andere Investitionsobjekt an.

Für die Berechnung der kalkulatorischen Zinsen müssen Sie das durchschnittlich gebundene Kapital ermitteln:

$$\frac{AW \ + \ RW}{2}$$

Dieses wird mit dem Kalkulationszinssatz multipliziert.

---

1 Z.B. Speth (Hrsg.), a.a.O., S. 115 ff.

Modell-unternehmen

KLR: Einstieg

Abgrenzung

BAB

Maschinen-stunden

Prozess-kosten

INVESTITION

Finanzierung

Musterklausur

 **6.2**

Kritische Auslastung:

Da nicht unbedingt davon auszugehen ist, dass bei beiden Anlagen die jeweilige maximale Kapazität abgerufen würde, ist es für die Bruno Gelato GmbH bedeutsam zu erfahren, ab welcher Menge Eis der andere Stickstofftunnel kostengünstiger wird. Die Frage ist demnach: Bei welcher (Eis-)Liter-Leistung sind die Kosten beider Stickstofftunnel gleich? Es ist bei den Berechnungen davon auszugehen, dass die variablen Kosten proportional verlaufen, sich also im gleichen Verhältnis wie die Leistungsmenge ändern.

Formeln zur Berechnung der Kosten:

$$K_{fix} + k_{var} \cdot x$$

	Anlage I	Anlage II
Kritische Menge: $k_{var} = \dfrac{K_{var}}{\text{Ausbringungsmenge}}$		
Kostenvergleich: $K_{fix}\,1 + K_{var}\,1 = K_{fix}\,2 + K_{var}\,2$		

6.2.1.2 Wie ist die Kostensituation bei einer Ausgangsmenge von durchschnittlich

➢ 60.000 Litern,

➢ bei 27.250 Litern,[1]

➢ bei 25.000 Litern?

Übertragen Sie Ihre Ergebnisse in die Nutzwerttabelle (PB 18)

6.2.2 Die **Gewinnvergleichsrechnung** stellt eine Erweiterung der Kostenvergleichsrechnung dar, da sie neben den Kosten auch noch die den Investitionsobjekten zuzurechnenden Erträge berücksichtigt.

6.2.2.1 Ermitteln Sie hierzu die Umsätze und die erwarteten Gewinne bei den in der Ausgangssituation angenommenen jährlichen maximalen Leistungen der beiden Stickstofftunnel pro Jahr.

Kritische Auslastung:

Für die Bruno Gelato GmbH ist es wichtig zu wissen, ab welcher Menge an Eis der andere Stickstofftunnel vorzuziehen ist oder anders gesagt, bei welcher jährlichen Gesamtleistung beide Maschinen gewinngleich bzw. verlustgleich sind.

Formeln zur Berechnung des Gewinns:

$$\text{Preis} \cdot x - (K_{fix} + k_{var} \cdot x)$$

---

1 Hier kann ggf. aus Zeitgründen auf die Berechnung bei 27.250 und 25.000 Litern verzichtet werden.

 AB 6.2

Modell- unternehmen

KLR: Einstieg

Abgrenzung

BAB

Maschinen- stunden

Prozess- kosten

INVESTITION

Finanzierung

Musterklausur

	Anlage I	Anlage II
Erlöse/Liter		
Stückkosten		
Gewinn/Liter		
Ausbringungsmenge		
Gewinn insgesamt p. a.		
oder Gesamterlöse		
Gesamtkosten		
Gewinn insgesamt p. a.		
kritische Menge	x =	

6.2.2.2 Wie ist die Gewinnsituation bei einer Ausgangsmenge von durchschnittlich

➢ 60.000 Litern,

➢ bei 27.250 Litern,

➢ bei 25.000 Litern?

Übertragen Sie Ihre Ergebnisse in die Nutzwerttabelle (PB 18).

6.2.3 Bei der Gewinnvergleichsrechnung wird die absolute Gewinnhöhe als Maßstab genommen, um zu beurteilen, ob eine Investition vorteilhaft ist oder welches der alternativen Investitionsobjekte vorzuziehen ist. Wenn beispielsweise die eingesetzten Kapitalien stark voneinander abweichen, ist das Kriterium der absoluten Gewinnhöhe nicht ausreichend. Wichtig ist dann der relative Gewinn, d. h., der absolute Gewinn muss in Relation zum eingesetzten Kapital gesetzt werden.

Rentabilität des eingesetzten Kapitals:

$$\frac{\text{Gewinn} \cdot 100}{\text{durchschnittlich eingesetztes Kapital}}$$

Bei dieser **Rentabilitätsrechnung** werden die kalkulatorischen Zinsen nicht wie bei den anderen Verfahren als Kostenbestandteil berücksichtigt, da die ermittelte Rentabilitätskennzahl die Verzinsung des insgesamt eingesetzten Kapitals ausdrückt.[1]

6.2.3.1 Ermitteln Sie die erwarteten Gewinne bei den in der Ausgangssituation angenommenen jährlichen maximalen Leistungen der beiden Stickstofftunnel pro Jahr.

---

1 andere Berechnung möglich

12 Korte - ISBN 978-3-8120-1028-3

6.2

	Anlage I	Anlage II
Rentabilität des investierten Kapitals		
Gewinn		
investiertes Kapital		
Rentabilität		
nicht gerundet: Gewinn		
investiertes Kapital		
Rentabilität		
Rentabilität des durchschnittlichen Kapitaleinsatzes **Rentabilitätsberechnung**		
Gewinn		
Ø Kapitaleinsatz (AW/2)		
kalk. Zinsen		
mit Verrechnung der kalk. Zinsen		
ohne Verrechnung der kalk. Zinsen		

6.2.3.2 Wie hoch ist die Rentabilität bei einer Ausbringungsmenge von durchschnittlich

➢ 60.000 Litern,

➢ bei 27.250 Litern,

➢ bei 25.000 Litern?

Übertragen Sie Ihre Ergebnisse in die Nutzwerttabelle (PB 18)

6.2.4 Die bisherigen Verfahren der Investitionsrechnung gaben Aufschluss über die Höhe der Kosten, der Gewinne oder der Rentabilität des eingesetzten Kapitals. Unbeachtet blieb allerdings die Frage, in welchem Zeitraum sich eine Investition amortisiert, d. h. in welcher Zeit der Kapitaleinsatz durch Rückflüsse wieder gewonnen werden kann. Diesen Aspekt berücksichtigt die **Amortisationsrechnung**. Als Rückflüsse sind hier neben dem durchschnittlichen Gewinn auch die kalkulatorischen Abschreibungen zu berücksichtigen. Da die Abschreibungen als Aufwendungen in die Preise der verkauften

Modell-
unternehmen

KLR:
Einstieg

Abgrenzung

BAB

Maschinen-
stunden

Prozess-
kosten

INVESTITION

Finanzierung

Musterklausur

Fertigerzeugnisse eingehen, fließt der Anschaffungswert abzüglich des Restwerts auf diese Weise zum Unternehmen zurück. Die Amortisationszeit in Jahren sollen Sie nun für beide Maschinen berechnen.

6.2.4.1 Berechnen Sie die Amortisationszeit in Jahren für die beiden Maschinen bei maximaler Kapazität, und zwar nach folgender Formel:

$$\text{Amortisation} = \frac{\text{Anschaffungswert} - \text{Restwert}}{\text{Gewinn} + \varnothing \text{ Abschreibung}}$$

	Anlage I	Anlage II
Anschaffungskosten		
Jahresgewinn		
Amortisationsdauer		

6.2.4.2 Wie hoch ist die Amortisation bei einer Ausbringungsmenge von durchschnittlich

➢ 60.000 Litern,

➢ bei 27.250 Litern,

➢ bei 25.000 Litern?

Übertragen Sie Ihre Ergebnisse in die Nutzwerttabelle (PB 18).

6.2.5 Auswertung der Nutzwertanalyse (PB 18):

6.2.5.1 Für welche Anlage sollte sich die Bruno Gelato GmbH entscheiden, wenn die Entscheidung nur aufgrund **quantitativer** Kriterien zu treffen wäre?

6.2.5.2 Bewerten Sie die gegebenen **qualitativen** Kriterien. Nennen Sie ggf. weitere qualitative Kriterien, die bei der Entscheidung für ein bestimmtes Investitionsobjekt eine Rolle spielen könnten.

6.2.5.3 Treffen Sie für Bruno Gelato GmbH eine begründete Entscheidung.

6.2.6 Fassen Sie abschließend die wesentlichen Merkmale, Vor- und Nachteile der statischen Investitionsvergleichsrechnungen in einer Übersicht (PB 19) zusammen.

Modell-unternehmen

KLR: Einstieg

Abgrenzung

BAB

Maschinen-stunden

Prozess-kosten

INVESTITION

Finanzierung

Musterklausur

Statische Investitionsrechnung

Um Investitionsentscheidungen im Unternehmen treffen zu können, bedarf es geeigneter Informationen über die Vorteilhaftigkeit möglicher Handlungsalternativen. Zentrale Bedeutung haben dabei die **Investitionsrechnungen.**

Die Investitionsrechnungen dienen **unterschiedlichen Zwecken:**

➢ Investitionsrechnungen zur **Beurteilung von Sachinvestitionen**[1] beziehen sich z. B. auf Maschinen, technische Anlagen, Betriebs- und Geschäftsausstattung sowie Gebäude. Zur Anwendung kommen dabei statische und dynamische Investitionsrechenverfahren:

statische Investitions-rechnungen	Sie berücksichtigen Kosten und Erlöse, die in einer bestimmten Wirtschaftsperiode anfallen. Die Nichtberücksichtigung möglicher Kosten- und Erlösänderungen während der gesamten Investitionsdauer kann zu Ungenauigkeiten in den Ergebnissen führen.
	Ihr Vorteil liegt in der einfachen Handhabung der Berechnungen.
dynamische Investitions-rechnungen	Bei ihnen steht der Zins und damit auch die Entwicklung der Investition über die gesamte Investitionsdauer im Mittelpunkt der Betrachtung.
	Es wird mit den für die Zukunft zu erwartenden Ein- und Auszahlungsströmen gerechnet. Zur Vereinfachung stellt man die täglich anfallenden kapitalbindenden Einzahlungen und Auszahlungen in Form von Zahlungsreihen dar, die Werte einer bestimmten, in der Zukunft liegenden Periode aufsummieren.
	Die in der Zukunft liegenden Zahlungsreihen werden unter Berücksichtigung des Zinses auf den Zeitpunkt zurückgerechnet, an dem die Investition beginnt. Diese Abzinsung wird Diskontierung genannt, sie ergibt den Barwert einer Investition.
	Die Diskontierung erfolgt zum einen aufgrund der höheren Einschätzung von gegenwärtigen Gütern gegenüber Gütern, deren Wertbestimmung erst in der Zukunft vollzogen werden kann: „Der Spatz in der Hand wird höher bewertet als die Taube auf dem Dach." Zum anderen ist damit eine Berücksichtigung des Zinses und des Zinseszins ermöglicht und eine Einwirkung inflationärer Entwicklungen berücksichtigt.

➢ Investitionsrechnungen zur **Beurteilung von Finanzinvestitionen** werden z. B. beim Kauf einer Aktie, eines festverzinslichen Wertpapiers oder eines Unternehmens angewendet. Die verschiedenen Bewertungsobjekte werden mithilfe unterschiedlicher Verfahren im Hinblick auf ihre Vorteilhaftigkeit beurteilt, die den statischen und dynamischen Investitionsrechnungen verwandt sind.

Statische und **dynamische Investitionsrechnungen** lassen sich in folgender Weise systematisieren:

Kriterien	statische Verfahren	dynamische Verfahren
Verfahren	➢ Kostenvergleichsrechnung ➢ Gewinnvergleichsrechnung ➢ Rentabilitätsrechnung ➢ Amortisationsrechnung	➢ Kapitalwertmethode ➢ Interne Zinsfuß-Methode ➢ Annuitätenmethode
Ausrichtung	traditionell	modern
Verbreitung	inzwischen weniger stark verbreitet	inzwischen weiter verbreitet
Schwierigkeit der Berechnung	einfache Berechnungen	kompliziertere, finanz-mathematische Methoden
Zeitbezug	einperiodisch	mehrperiodisch bzw. gesamte Investitionsdauer

---

1 Olfert/Reichel: Kompakt-Training Investition, Kiehl Verlag, 3. Auflage, S. 79 ff.

Kriterien (Forts.)	statische Verfahren	dynamische Verfahren
Berechnungsgrößen	Kosten und Erlöse	Ein- und Auszahlungsströme
Berücksichtigung des Zinses	Zins nur als Kostengröße	Diskontierung zukünftiger Werte, Zins im Mittelpunkt der Betrachtung

Bevor auf die einzelnen Verfahren der statischen Investitionsrechnung eingegangen wird, sollen grundlegende Anmerkungen zu den statischen Verfahren stehen, die ihre Besonderheiten herausstellen:

Die statischen Investitionsrechnungen beurteilen eine Investition anhand **einer Periode.** Dieses in der Kritik stehende Vorgehen der Periodenbegrenzung stellt aber noch eine weitere Frage: Welche Periode ist zur Berechnung der Investition heranzuziehen?

Grundsätzlich gibt es **drei Möglichkeiten:**

Anfangsperiode	Sie umfasst das erste Nutzungsjahr eines Investitionsobjektes und kann üblicherweise als nicht repräsentativ für die Folgeperioden oder die Gesamtheit der Nutzungsperioden eingestuft werden. Gründe hierfür liegen z.B. in erhöhten Personal- und Materialkosten, die durch die notwendigen Anlern- und Umstellzeiten verursacht werden.
	Eine Anwendung der Anfangsperiode als Datenbasis erscheint nur dann zulässig, wenn Gründe vorliegen, die den zeitlichen Horizont der Datenerhebung stark einschränken und keine weiterreichenden Daten zulassen.
Repräsentativperiode	Sie ist hinsichtlich ihrer Aussagekraft im Vergleich zur Anfangsperiode höher einzuschätzen. Dies ergibt sich, weil atypisch hohe Anlaufkosten die Datenerhebung nicht verfälschen. Die verwendeten Daten könnten z.B. aus einem „Normaljahr" stammen, in dem die oben genannten Anfangsschwierigkeiten nicht mehr existieren.
	Probleme ergeben sich bei der Bestimmung der Periode, die typisch für ein bestimmtes Investitionsobjekt ist. Dies muss im Einzelfall abhängig vom Objekt und seiner spezifischen Nutzung entschieden werden.
Durchschnittsperiode	Sie bietet eine weitere Verbesserung des Datenmaterials. Dies gelingt umso besser, je mehr möglichst repräsentative Perioden zur Bildung des Durchschnitts herangezogen werden.
	Probleme ergeben sich bei stark schwankenden Periodendaten, da hier das arithmetische Mittel seine Aussagekraft verliert.

Beispiel:

	Periode 1	Periode 2	Periode 3	Periode 4	Periode 5	arithm. Mittel
Gewinn Investition I	46.000,00	38.000,00	30.000,00	22.000,00	14.000,00	30.000,00
Gewinn Investition II	14.000,00	22.000,00	30.000,00	38.000,00	46.000,00	30.000,00

Die Gewinne beider Investitionsobjekte zeigen sehr unterschiedliche Entwicklungen, die entsprechend unterschiedlich zu beurteilen sind. Das arithmetische Mittel stellt dagegen keinen Unterschied hinsichtlich der Vorteilhaftigkeit der Investitionsobjekte heraus.

Modellunternehmen

KLR: Einstieg

Abgrenzung

BAB

Maschinenstunden

Prozesskosten

INVESTITION

Finanzierung

Musterklausur

Modell-
unternehmen

KLR:
Einstieg

Abgrenzung

BAB

Maschinen-
stunden

Prozess-
kosten

INVESTITION

Finanzierung

Musterklausur

Die Einsetzbarkeit der statischen Investitionsrechnungen hängt weiterhin davon ab, inwieweit betriebliche Interdependenzen gegeben sind. Da sie mithilfe dieser Verfahren nicht berücksichtigt werden können, lassen sich statische Investitionsrechnungen nur dann nutzen, wenn die in die Investitionsrechnung eingehenden Daten durch Änderungen in anderen betrieblichen Funktionsbereichen nicht wesentlich beeinflusst werden. Anderenfalls würde ein falsches Bild entstehen.

Da sich die statischen Investitionsrechnungen aus dem Rechnungswesen heraus entwickelt haben, liegen ihnen **Kosten** und **Erlöse** zugrunde und nicht, wie wünschenswert, die sich für die gesamte Zeitdauer einer Investition ergebenden genaueren Einzahlungs- und Auszahlungsströme.

Unter Berücksichtigung der Besonderheiten, die statische Investitionsrechnungen aufweisen, kann festgestellt werden, dass sich statische Investitionsrechnungen für die **Abschätzung der Vorteilhaftigkeit** eignen, wenn:

➤ Investitionsobjekte **abgrenzbar** sind

➤ Investitionsobjekte **gleichartig** sind

➤ **repräsentative** oder **durchschnittliche Werte** für die Investitionsobjekte vorliegen.

Mithilfe der statischen Investitionsrechnungen ist es möglich, verschiedene **Problemstellungen** zu bearbeiten:

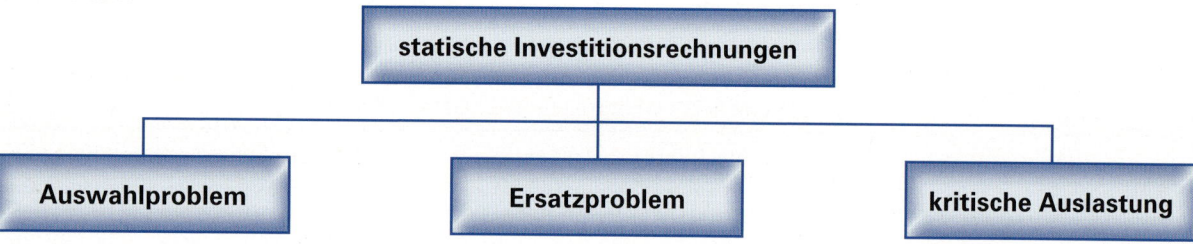

Auswahlproblem

Das Auswahlproblem stellt sich, wenn mehrere **alternative Investitionsobjekte** vorhanden sind, von denen das vorteilhafteste zu bestimmen ist. Es kann aber auch die Frage auftreten, inwieweit ein Investitionsobjekt vorteilhaft ist, für das keine Alternativen gegeben sind.

Folgende Vergleichsrechnungen sind erforderlich:

➤ Kostenvergleichsrechnung
➤ Gewinnvergleichsrechnung
➤ Rentabilitätsrechnung
➤ Amortisationsrechnung.

Als einfachstes Verfahren der statischen Investitionsrechnungen bestimmt die Kostenvergleichsrechnung das Investitionsobjekt als das vorteilhaftere oder als das vorteilhafteste, das die geringeren oder die geringsten Kosten verursacht.

Ersatzproblem[1]

Beim Ersatzproblem geht es um die Frage, ob und wann es vorteilhaft ist, ein in Nutzung befindliches, technisch weiter verwendbares Investitionsobjekt durch ein neues Investitionsobjekt zu ersetzen.

Das Ersatzproblem lässt sich grundsätzlich mithilfe der statischen Investitionsrechnungen lösen.

---

1 Vgl. ebd., S. 102.

Kritische Auslastung

Neben dem Ersatzproblem taucht in der betrieblichen Praxis auch oftmals die Fragestellung nach der kritischen Auslastung auf. Dies ist insbesondere dort der Fall, wo die Auslastung der Investitionsalternativen nicht mehr als eine völlig gesicherte Annahme gilt, also Unsicherheit über die am Markt unterzubringenden Kapazitäten herrscht.

Hier ist die periodenbezogene oder stückbezogene Betrachtung zweier Investitionsobjekte im Rahmen der Kostenvergleichs- oder der Gewinnvergleichsrechnung nicht mehr ausreichend.

Die Fragestellungen können sein:

> ➤ Welche Investitionsalternative ist bei welcher Auslastung vorzuziehen?
> ➤ Wo liegt die kritische Auslastung zweier, miteinander zu vergleichender Investitionsobjekte?

Die kritische Auslastung lässt sich mithilfe der kosten- bzw. gewinnbezogenen Investitionsrechnung ermitteln.

Anwendung statischer Verfahren der Investitionsrechnung

Nutzwertanalyse zur Investitionsrechnung

Bewertungskriterien	Anlage I	Anlage II
A. Quantitative Bewertungskriterien		
I. Statische Investitionsrechnung		
1. Kostenvergleich		
➢ Max. Kapazität		
➢ Ausbringungsmenge 60.000 Liter		
➢ Ausbringungsmenge 27.250 Liter		
➢ Ausbringungsmenge 25.000 Liter		
2. Gewinnvergleich		
➢ Max. Kapazität		
➢ Ausbringungsmenge 60.000 Liter		
➢ Ausbringungsmenge 27.250 Liter		
➢ Ausbringungsmenge 25.000 Liter		
3. Rentabilität		
3.1 Investierte Kapital		
➢ Max. Kapazität		
➢ Ausbringungsmenge 60.000 Liter		
➢ Ausbringungsmenge 27.250 Liter		
➢ Ausbringungsmenge 25.000 Liter		
3.2. Durchschnittlicher Kapitaleinsatz		
➢ Max. Kapazität		
➢ Ausbringungsmenge 60.000 Liter		
➢ Ausbringungsmenge 27.250 Liter		
➢ Ausbringungsmenge 25.000 Liter		
4. Amortisation		
➢ Max. Kapazität		
➢ Ausbringungsmenge 60.000 Liter		
➢ Ausbringungsmenge 27.250 Liter		
➢ Ausbringungsmenge 25.000 Liter		
II. Dynamische Investitionsrechnung		
➢ Kapitalwert		
➢ Interne Zinsfußmethode		

Bewertungskriterien	Anlage I	Anlage II
B: Qualitative Bewertungskriterien		
C. Entscheidung		

1. Qantitativen Kriterien
   Begründung für eine Alternative:

1. Kostenvergleich:

2. Gewinnvergleich:

3. Rentabilitätsvergleich:

4. Amortisationsvergleich:

5. Dynamische Zinsrechnung:

Fazit:

2. Qualitative Kriterien

➤ Wartung		
➤ Technische Unterschiede		
➤ Lieferzeitpunkt		
➤ Bewertung Lieferant		

13   Korte - ISBN 978-3-8120-1028-3

Modell-
unternehmen

KLR:
Einstieg

Abgrenzung

BAB

Maschinen-
stunden

Prozess-
kosten

INVESTITION

Finanzierung

Musterklausur

Modell-unternehmen

KLR: Einstieg

Abgrenzung

BAB

Maschinen-stunden

Prozess-kosten

INVESTITION

Finanzierung

Musterklausur

Statische Investitionsrechnung im Überblick

	Kurzbeschreibung	Vorteile	Nachteile
Kostenvergleichs-rechnung			
Gewinnvergleichs-rechnung			
Rentabilitäts-vergleichsrechnung			
Amortisations-vergleichsrechnung			
Statische Investitions-vergleichsrechnungen			

Modell-unternehmen

KLR: Einstieg

Abgrenzung

BAB

Maschinen-stunden

Prozess-kosten

INVESTITION

Finanzierung

Musterklausur

„Ich glaube, wir müssen uns das noch genauer anschauen ..." – Dynamische Verfahren der Investitionsrechnung

 **AB 6.3**

 **Ausgangssituation**

Die Ergebnisse der Verfahren der statischen Investitionsrechnung wurden ermittelt und mit der Geschäftsleitung diskutiert.

Nach Durchsicht der vorliegenden Investitionsrechnungen äußert Herr Flügge, dass es im Rechnungswesen wohl darauf ankomme, den Erfolg periodengerecht, also jeweils auf ein Geschäftsjahr bezogen, zu ermitteln, er habe aber Zweifel, ob dieses Vorgehen geeignet sei, ein Investitionsvorhaben zu bewerten.

Während die statischen Verfahren mit Aufwand, Ertrag, Kosten und Leistungen rechnen, spielen bei den dynamischen Verfahren **tatsächliche und zukünftige Zahlungen** die entscheidende Rolle. Im Unterschied zu den statischen Verfahren beziehen sich die dynamischen Methoden nicht nur auf eine Periode, sondern die Zahlungen werden im Zeitablauf berücksichtigt. Herr Flügge will das Investitionsvorhaben auch noch nach der dynamischen Investitionsrechnung, und zwar zuerst mit der **Kapitalwertmethode** bewerten.

Mit der **Kapitalwertmethode** wird überprüft, ob die geplante Investition eine gewünschte Mindestverzinsung (Kalkulationszinsfuß) erwirtschaftet. Hierzu ist es notwendig, dass alle mit der Investition verbundenen Zahlungsströme (Ein- und Auszahlungen) auf die Gegenwart (Periode t_0) abgezinst werden.

Herr Flügge erläutert diese Methode anhand des Stickstofftunnels (Anschaffungskosten 100.000,00 EUR). Die Nutzungsdauer beträgt 6 Jahre. Der Kalkulationszinssatz wird mit 10 % angesetzt. Während der Nutzungsdauer werden die nebenstehenden Überschüsse der Einzahlungen über die Auszahlungen erwartet.

Jahr	Einzahlungs-überschüsse
1	24.000,00 EUR
2	32.000,00 EUR
3	40.000,00 EUR
4	35.000,00 EUR
5	20.000,00 EUR
6	10.000,00 EUR

 **Arbeitsauftrag**

6.3.1 Nach der statischen Investitionsrechnung sind die beiden Angebote I und II relativ vergleichbar.

Überprüfen Sie stellvertretend für Herrn Flügge dieses Ergebnis mit der **Kapitalwertmethode** mithilfe von PB 20!

Der Kalkulationszinssatz wird mit 10 % angesetzt.

Nutzen Sie als Informationshilfen Ihr Lehrbuch[1] und das IB 21.

Ist bei einem Kapitalzinsfuß von 10 % die Investition noch attraktiv?

6.3.2 Überprüfen Sie Ihre bisherigen Ergebnisse, indem Sie die **interne Zinsfuß-Methode** anwenden.

	Anlage I		Anlage II	
Versuchs-zinssatz	I	II	I	II
	10 %	15 %	10 %	15 %
Kapitalwert				

6.3.3 Übertragen Sie die Ergebnisse in PB 18 und treffen Sie stellvertretend für die Bruno Gelato GmbH eine abschließende Entscheidung.

6.3.4 Vertiefen Sie Ihre Erkenntnisse, indem Sie die Zusatzaufgabe zur Kapitalwertmethode lösen (PB 21).

---

1 Z.B. Speth (Hrsg.), a.a.O., S. 121ff.

Modell-
unternehmen

KLR:
Einstieg

Abgrenzung

BAB

Maschinen-
stunden

Prozess-
kosten

INVESTITION

Finanzierung

Musterklausur

Dynamische Investitionsrechnung

Dynamische Investitionsrechnungen[1] sind aussagekräftiger als statische Investitionsvergleichsrechnungen, aber auch komplizierter zu handhaben. Sie haben in den letzten Jahren fortschreitende Verbreitung gefunden.

In wichtigen Teilen ihrer Merkmale unterscheiden sich die dynamischen Investitionsrechnungen von den statischen Verfahren:

➤ Sie beziehen sich auf alle Nutzungsperioden.

➤ Sie basieren auf Einzahlungs- und Auszahlungsströmen.

➤ Der Zins steht im Mittelpunkt der Betrachtungen. Der Zins kann sich zur Ermittlung der Vorteilhaftigkeit von Investitionen orientieren am:

   – Kapitalmarktzins,

   – Branchenzins,

   – Unternehmenszins.

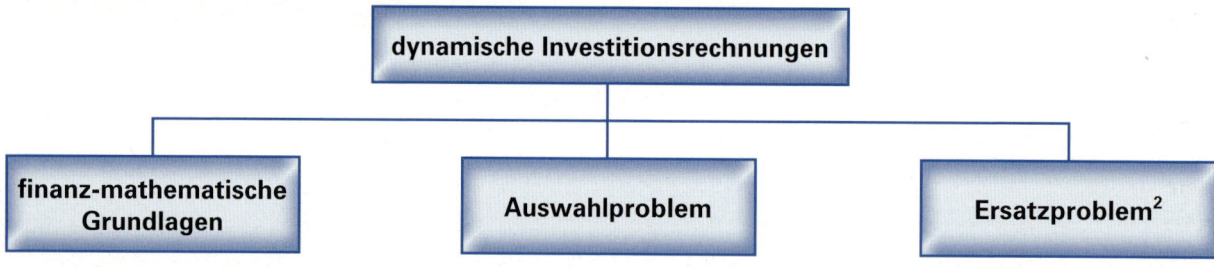

(1) Finanz-mathematische Grundlagen

Ohne grundlegende finanz-mathematische Kenntnisse ist es nicht möglich, die dynamischen Investitionsrechnungen anzuwenden. Insbesondere sollten folgende finanz-mathematische Begriffe bekannt sein:

➤ **Endwert,**

➤ **Barwert,**

➤ **Annuität.**[3]

● Endwert

Der **Endwert** ist der Wert, der sich durch **Aufzinsung** von Einzahlungsströmen und Auszahlungsströmen in der Zukunft ergibt. Dabei können unterschieden werden:

➤ der Endwert einer **einmaligen Zahlung,**

➤ der Endwert **mehrerer gleich hoher Zahlungen.**

Für die Berechnung des Endwerts einer einmaligen Zahlung gilt Folgendes:

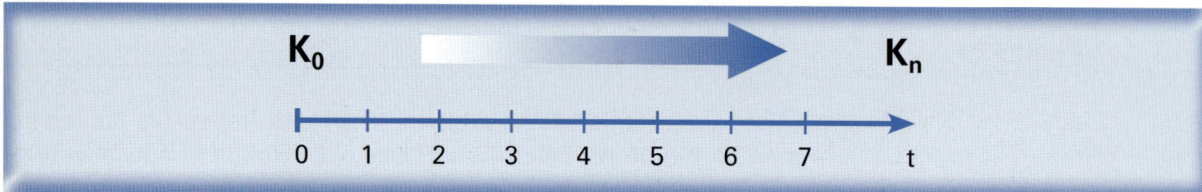

---

1 Vgl. hier und im Folgenden: Olfert/Reichel: Kompakt-Training Investition, Kiehl Verlag, 3. Auflage, S. 111 ff.

2 Auf das Ersatzproblem wird im Folgenden nicht eingegangen.

3 Auf die Annuität wird im Folgenden nicht eingegangen.

Dabei vergrößert sich das im Zeitpunkt 0 betrachtete **Kapital K_0** durch Zins und Zinseszins über den Betrachtungszeitraum hinweg zum **Kapital K_n**. Unter Zugrundelegung eines bestimmten **Zinssatzes i** $\left(i = \dfrac{p}{100}\right)$ ergibt sich folgende Entwicklung:

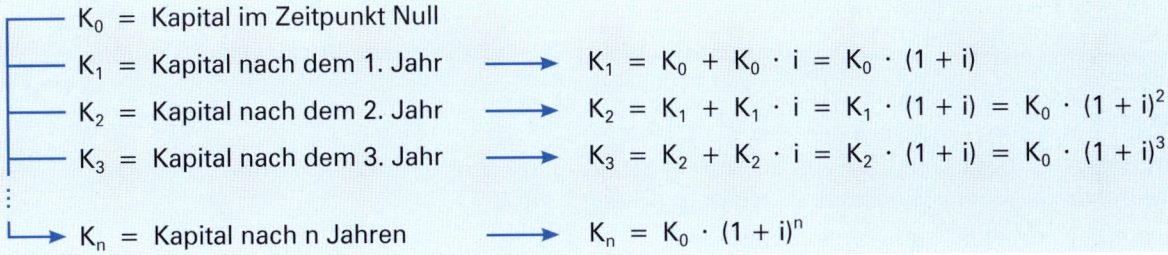

K_0 = Kapital im Zeitpunkt Null

K_1 = Kapital nach dem 1. Jahr $\longrightarrow$ $K_1 = K_0 + K_0 \cdot i = K_0 \cdot (1 + i)$

K_2 = Kapital nach dem 2. Jahr $\longrightarrow$ $K_2 = K_1 + K_1 \cdot i = K_1 \cdot (1 + i) = K_0 \cdot (1 + i)^2$

K_3 = Kapital nach dem 3. Jahr $\longrightarrow$ $K_3 = K_2 + K_2 \cdot i = K_2 \cdot (1 + i) = K_0 \cdot (1 + i)^3$

$\vdots$

K_n = Kapital nach n Jahren $\longrightarrow$ $K_n = K_0 \cdot (1 + i)^n$

Da $(1 + i)$ dem **Aufzinsungsfaktor q** entspricht, gilt zur Ermittlung des Endwerts einer einmaligen Zahlung:

$$K_n = K_0 \cdot q^n$$

Beispiel:

Ein Unternehmen legt ein Kapital über 40.000,00 EUR bei einem Zinssatz von 8 % für eine Laufzeit von 4 Jahren an. Das Gesamtkapital nach 4 Jahren inklusive der Zinsen (Zinseszins) beträgt damit:

$i = 0{,}08$; $\quad q = 1{,}08$; $\quad K_4 = 40.000{,}00\ \text{EUR} \cdot 1{,}08^4 = 40.000{,}00\ \text{EUR} \cdot 1{,}36049 = \textbf{54.419,60 EUR}$

Der Endwert mehrerer gleich hoher Zahlungen berechnet sich wie folgt:

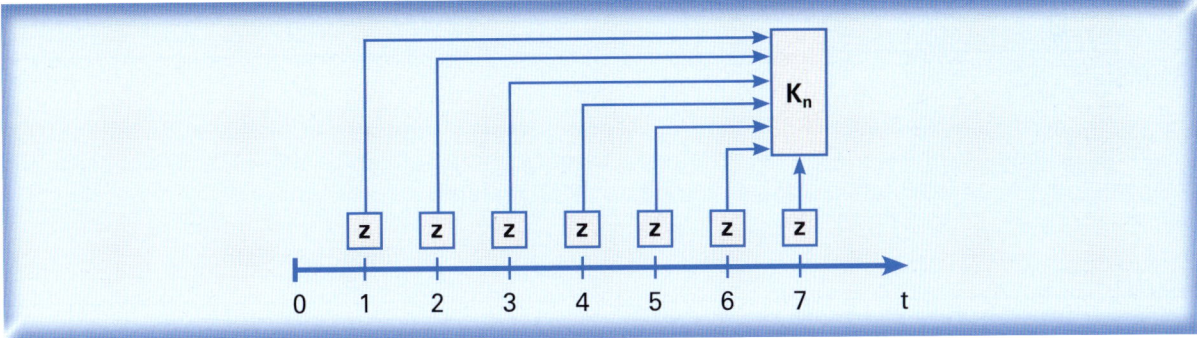

Die mehrmaligen **Zahlungen (z)** führen zum Kapital K_n, das größer ist als die Summe aller Zahlungen, da Zinsen und Zinseszinsen zusätzlich anfallen. Es wird mithilfe eines Endwertfaktors

$$\frac{q^n - 1}{q - 1}$$

ermittelt, indem die jährlich gleich hohe Zahlung (z) mit diesem multipliziert wird:

$$K_n = z \cdot \frac{q^n - 1}{q - 1}$$

Modell-unternehmen

KLR: Einstieg

Abgrenzung

BAB

Maschinen-stunden

Prozess-kosten

INVESTITION

Finanzierung

Musterklausur

Modell-unternehmen

KLR: Einstieg

Abgrenzung

BAB

Maschinen-stunden

Prozess-kosten

INVESTITION

Finanzierung

Musterklausur

Beispiel:

Das Unternehmen zahlt zum Ende eines jeden Jahres 3.000,00 EUR auf ein Konto, das sich mit 3 % verzinst. Dies geschieht 8 Jahre lang. Welcher Betrag steht dann zur Verfügung?

$$K_n = z \cdot \frac{q^n - 1}{q - 1} = 3.000,00 \text{ EUR} \cdot \frac{1,03^8 - 1}{1,03 - 1} = 3.000,00 \text{ EUR} \cdot 8,89234 = \mathbf{26.677,02 \text{ EUR}}$$

● **Barwert**

Der **Barwert** ist der Wert, der sich durch **Abzinsung** zukünftiger Einzahlungsströme oder Auszahlungsströme als **Gegenwartswert** ergibt. Zu unterscheiden sind:

➤ der Barwert einer **einmaligen Zahlung,**

➤ der Barwert **mehrerer gleich hoher zukünftiger Zahlungen,**

➤ der Barwert **unbegrenzt häufiger gleich hoher zukünftiger Zahlungen.**

Der Barwert einer einmaligen Zahlung wird wie folgt ermittelt:

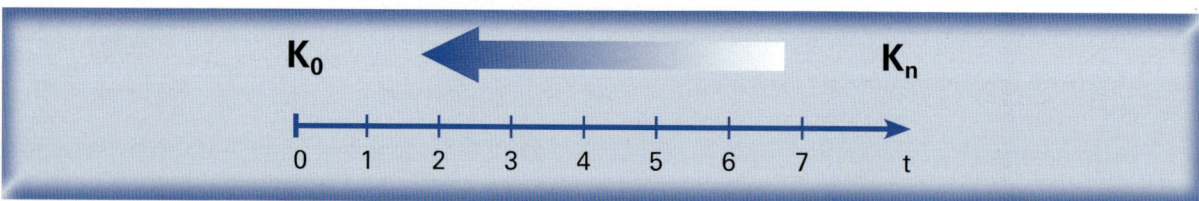

Um das Kapital im Zeitpunkt 0 als K_0 ermitteln zu können, wird die bei der Aufzinsung zum Endwert verwendete Formel nach K_0 aufgelöst:

$$K_n = K_0 \cdot q^n \text{ aufgelöst nach: } K_0 = \frac{K_n}{q^n}$$

Beispiel:

Ein Versicherungsnehmer wird in 30 Jahren eine Lebensversicherungssumme in Höhe von 300.000,00 EUR ausgezahlt bekommen. Welchen Wert stellt diese Summe auf den heutigen Zeitpunkt bezogen dar, wenn eine durchschnittliche Inflationsrate von 2 % vorliegt?

$$K_0 = \frac{K_n}{q^n} = \frac{300.000,00 \text{ EUR}}{1,02^{30}} = \frac{300.000,00 \text{ EUR}}{1,81136} = \mathbf{165.621,41 \text{ EUR}}$$

Für die Berechnung des Barwerts mehrerer gleich hoher zukünftiger Zahlungen gilt Folgendes:

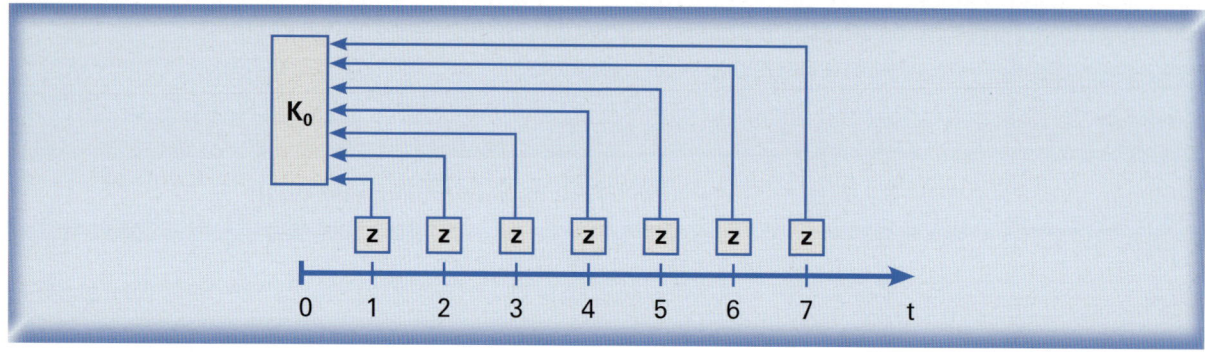

Modell-unternehmen

KLR: Einstieg

Abgrenzung

BAB

Maschinen-stunden

Prozess-kosten

INVESTITION

Finanzierung

Musterklausur

Die Ermittlung des Kapitals im Zeitpunkt 0 erfolgt mithilfe des **Barwertfaktors,** der auch **Rentenbarwertfaktor** genannt wird und wie folgt lautet:

$$\frac{q^n - 1}{q^n \cdot (q - 1)}$$

Um zu K_0 zu gelangen, werden die zukünftigen gleich hohen Zahlungen (z) mit dem Barwertfaktor multipliziert. Als (Renten-)Barwert ergibt sich:

$$K_0 = z \cdot \frac{q^n - 1}{q^n \cdot (q - 1)}$$

Beispiel:

Ein Hausbesitzer bekommt aus einem Mietvertrag jedes Jahr 20.000,00 EUR ausgezahlt. Der Mietvertrag läuft über 10 Jahre. Als Zins werden 5 % angenommen. Welche Summe würde er erhalten, wenn der gesamte Betrag der Vermietung gleich zu Beginn des Mietvertrages ausgezahlt würde?

$$K_0 = z \cdot \frac{q^n - 1}{q^n \cdot (q - 1)} = 20.000,00 \text{ EUR} \cdot \frac{1,05^{10} - 1}{1,05^{10} \cdot (1,05 - 1)} = 20.000,00 \text{ EUR} \cdot \frac{0,62889}{0,08144}$$

$$K_0 = \textbf{154.442,53 EUR}$$

Der Barwert unbegrenzt häufiger gleich hoher zukünftiger Zahlungen wird wie folgt ermittelt:

Mit einer Laufzeit $n \to \infty$ ergibt sich aus dem oben dargestellten Barwertfaktor:

$$\frac{q^\infty - 1}{q^\infty (q - 1)} = \frac{q^n - 1}{q^n \cdot (q - 1)} \text{ mit } n \to \infty$$

Damit wird K_0 ermittelt:

$$K_0 = z \cdot \frac{q^n - 1}{q^n \cdot (q - 1)}$$

Jetzt wird q^n ausgeklammert. Dadurch kann man q^n kürzen und erhält:

$$K_0 = z \cdot \frac{q^n \left(1 - \frac{1}{q^n}\right)}{q^n \cdot (q - 1)} \longrightarrow K_0 = z \cdot \frac{1 - \frac{1}{q^n}}{q - 1}$$

Da die Laufzeit unendlich sei, gilt $n \to \infty$. Der Ausdruck $\frac{1}{q^n}$ geht damit gegen Null. Es bleibt also:

$$K_0 = z \cdot \frac{1}{q - 1} \longrightarrow K_0 = \frac{z}{q - 1}$$

Dies nennt man die kaufmännische Kapitalisierungsformel, die einer „ewigen Rente" gleicht.

Beispiel:

Bei einem Unternehmenskauf soll der durchschnittliche, zukünftige Gewinnüberschuss jährlich 10.000,00 EUR betragen. Die Zeitdauer der Unternehmensübernahme ist nicht bekannt, daher wird eine unendliche Laufzeit angenommen. Welcher Betrag ist zum heutigen Zeitpunkt für den Firmenkauf aufzuwenden, wenn ein Zinssatz von 10 % gilt?

$$K_0 = \frac{z}{(q-1)} = \frac{10.000,00\ EUR}{0,1} = \textbf{100.000,00 EUR}$$

(2) Auswahlproblem[1]

Das Auswahlproblem stellt sich, wenn die Vorteilhaftigkeit eines einzelnen Investitionsobjektes festzustellen ist oder mehrere alternative Investitionsobjekte vorhanden sind, von denen das vorteilhaftere zu bestimmen ist. Der Lösung des Auswahlproblems dienen:

> **Kapitalwertmethode,**
> **Interne Zinsfuß-Methode,**
> **Annuitätenmethode.[2]**

● **Kapitalwertmethode**

Die Kapitalwertmethode zinst eine Zahlungsreihe mit einem vorgegebenen Zinsfuß ab und überprüft damit durch den sich ergebenden Kapitalwert bereits zu Beginn der Nutzung des Investitionsobjektes dessen Vorteilhaftigkeit anhand des vorgegebenen Zinsfußes.

Der Kapitalwert errechnet sich aus den Barwerten einer Zahlungsreihe bei einem bestimmten Zinssatz. Die Formel zur Ermittlung des Kapitalwertes (K_0) lautet:

$$K_0 = -A_0 + \frac{G_1}{q^1} + \frac{G_2}{q^2} + \frac{G_3}{q^3} + \ldots + \frac{G_n}{q^n} \pm \frac{L_n}{q^n}$$

K_0 = Kapitalwert
A_0 = Anfangsinvestition
G_n = Differenz aus Einzahlungen und Auszahlungen des Jahres n
L_n = Liquidationserlös/Liquidationsaufwand im n-ten Jahr
q = 1 + i, wobei i = Zinssatz
n = Jahre

Dabei gilt:

> Die **Zahlungsreihe** ergibt sich aus der Differenz der zukünftigen Einzahlungen und der zukünftigen Auszahlungen. Entsteht am Ende der Nutzungsdauer ein Liquidationserlös oder ein Liquidationsaufwand, so ist dieser entsprechend zu verrechnen.

> Der **vorgegebene Zinssatz** diskontiert die zukünftigen Werte der Zahlungsreihe auf den heutigen Gegenwartswert. Erreicht eine Investition einen positiven Kapitalwert, ist sie vorteilhaft. Hieraus folgt, dass ein negativer Kapitalwert die Unwirtschaftlichkeit einer Investition anzeigt.

---

1 Olfert/Reichel: a.a.O., S. 118.

2 Die Annuitätenmethode wird im Folgenden nicht weiter behandelt.

21

Modell-unternehmen

KLR: Einstieg

Abgrenzung

BAB

Maschinen-stunden

Prozess-kosten

INVESTITION

Finanzierung

Musterklausur

Beispiele:

Variante 1: Kalkulationszinsfuß 8 %

Es wurde ein Investitionsobjekt für 38.000,00 EUR (=A_0) angeschafft. Der vorgegebene Kalkulations-zinsfuß beträgt 8 % (q = 1,08). Die vorgesehene Laufzeit (n) ist 7 Jahre. Die sich aus der Differenz der Einzahlungs- und Auszahlungsströme ergebenden Überschüsse (G_n) sind für die jeweiligen Perioden in der Spalte „Zahlungsstrom" angegeben.

Jahr (n)	Zahlungs-strom	Zahlungsstrom	Faktor der Abzinsung	Barwert	Kumulation der Barwerte
0	$-A_0$	− 38.000,00 EUR	1	− 38.000,00 EUR	
1	G_1	6.500,00 EUR	0,925925926	6.018,52 EUR	− 31.981,48 EUR
2	G_2	7.000,00 EUR	0,85733882	6.001,37 EUR	− 25.980,11 EUR
3	G_3	7.200,00 EUR	0,793832241	5.715,59 EUR	− 20.264,52 EUR
4	G_4	7.300,00 EUR	0,735029853	5.365,72 EUR	− 14.898,80 EUR
5	G_5	7.800,00 EUR	0,680583197	5.308,55 EUR	− 9.590,25 EUR
6	G_6	8.000,00 EUR	0,630169627	5.041,36 EUR	− 4.548,89 EUR
7	G_7	7.600,00 EUR	0,583490395	4.434,53 EUR	− 114,36 EUR
7	L_7[1]	1.000,00 EUR	0,583490395	583,49 EUR	469,13 EUR
Kapitalwert der Investition (K_0)					**469,13 EUR**

Die Investition ist vorteilhaft, da der Kapitalwert der Investition mit 469,13 EUR einen positiven Wert erreicht. Der vorgegebene Zinsfuß von 8 % wurde übertroffen.

Variante 2: Kalkulationszinsfuß 9 %

Für das gleiche Investitionsobjekt gelten alle Daten weiterhin. Allerdings setzt man nun einen neuen Kalkulationszinsfuß von 9 % (q = 1,09) an.

Jahr (n)	Zahlungs-strom	Zahlungsstrom	Faktor der Abzinsung	Barwert	Kumulation der Barwerte
0	$-A_0$	− 38.000,00 EUR	1	− 38.000,00 EUR	
1	G_1	6.500,00 EUR	0,9174312	5.963,30 EUR	− 32.036,70 EUR
2	G_2	7.000,00 EUR	0,8416800	5.891,76 EUR	− 26.144,94 EUR
3	G_3	7.200,00 EUR	0,7721835	5.559,72 EUR	− 20.585,22 EUR
4	G_4	7.300,00 EUR	0,7084252	5.171,50 EUR	− 15.413,72 EUR
5	G_5	7.800,00 EUR	0,6499314	5.069,46 EUR	− 10.344,26 EUR
6	G_6	8.000,00 EUR	0,5962673	4.770,14 EUR	− 5.574,12 EUR
7	G_7	7.600,00 EUR	0,5470342	4.157,46 EUR	− 1.416,66 EUR
7	L_7[1]	1.000,00 EUR	0,5470342	547,03 EUR	− 869,63 EUR
Kapitalwert der Investition (K_0)					**− 869,63 EUR**

Die Investition ist nicht vorteilhaft, da der Kapitalwert einen negativen Betrag ausweist. Der vorgege-bene Kalkulationszinsfuß von 9 % wurde nicht erreicht.

---

1 L_7 = Liquidationserlös im 7. Jahr.

14 Korte - ISBN 978-3-8120-1028-3

21

● **Interne Zinsfuß-Methode**[1]

Bei der internen Zinsfuß-Methode dient der interne Zinsfuß als Maßstab für die Vorteilhaftigkeit von Investitionen. Mithilfe des internen Zinsfußes wird versucht, das Problem der Kapitalwert-Methode zu beseitigen, keine genauen Aussagen über die Renditehöhe einer Investition zu treffen.

Die interne Zinsfuß-Methode kann sowohl für die Renditeberechnung von Einzelinvestitionen als auch zur Auswahl alternativer Investitionsobjekte verwendet werden.

Der interne Zinsfuß ergibt sich dort, wo die Abzinsung einer Zahlungsreihe einen Kapitalwert von null annimmt. Dementsprechend wird die Formel zur Ermittlung des Kapitalwertes gleich null gesetzt:

$$0 = -A_0 + \frac{G_1}{q^1} + \frac{G_2}{q^2} + \frac{G_3}{q^3} + \dots + \frac{G_n}{q^n} \pm \frac{L_n}{q^n}$$

Die **rechnerische Lösung des internen Zinsfußes** erfolgt mithilfe folgender Formel:

$$r = i_1 - K_{01} \cdot \frac{i_2 - i_1}{K_{02} - K_{01}}$$

r = interner Zinsfuß
i_1 = Versuchszinssatz 1
i_2 = Versuchszinssatz 2
K_{01} = Kapitalwert bei i_1
K_{02} = Kapitalwert bei i_2

Beispiel:

Die Werte der beiden Berechnungen aus der Kapitalwertmethode können übernommen werden, da die zugrunde liegenden Daten unverändert einmal mit einem niedrigen (8 %) und einmal mit einem hohen (9 %) Kalkulationszinssatz errechnet wurden. Es ergibt sich dementsprechend:

$$i_1 = 8\,\%$$
$$i_2 = 9\,\%$$
$$K_{01} = 469,13$$
$$K_{02} = -869,63$$

Diese Werte werden in die Formel zur Ermittlung des internen Zinsfußes eingesetzt:

$$r = 8 - 469,13 \cdot \frac{9 - 8}{-869,63 - 469,13} = 8 + 0,35042$$

$$r = 8,35\,\%$$

Der interne Zinsfuß der Investition beträgt demnach 8,35 %.

1 Olfert/Reichel: a.a.O. S. 122f.

Anwendung dynamischer Verfahren der Investitionsrechnung

Anlage I:

Kalkulationszinssatz   10 %
Anschaffungsauszahlung   100.000,00 EUR

Jahre	Einzahlungs-überschüsse	Aufzinsungsfaktor $= (1 + i)^n$	Abzinsungsfaktor	Barwert
1. Jahr	24.000,00 EUR			
2. Jahr	32.000,00 EUR			
3. Jahr	40.000,00 EUR			
4. Jahr	35.000,00 EUR			
5. Jahr	20.000,00 EUR			
6. Jahr	10.000,00 EUR			

   Barwert der Einzahlungsüberschüsse   . . . . EUR
− Anschaffungsauszahlung   . . . . EUR

= Kapitalwert   . . . . EUR

Anlage II:

Kalkulationszinssatz   10 %
Anschaffungsauszahlung   150.000,00 EUR

Jahre	Einzahlungs-überschüsse	Aufzinsungsfaktor $= (1 + i)^n$	Abzinsungsfaktor	Barwert
1. Jahr	24.000,00 EUR			
2. Jahr	32.000,00 EUR			
3. Jahr	40.000,00 EUR			
4. Jahr	35.000,00 EUR			
5. Jahr	20.000,00 EUR			
6. Jahr	10.000,00 EUR			

   Barwert der Einzahlungsüberschüsse   . . . . EUR
− Anschaffungsauszahlung   . . . . EUR

= Kapitalwert   . . . . EUR

Zusatzaufgabe zur Verdeutlichung der Funktion der Kapitalwertmethode

Daten	Objekt A	Objekt B
Anschaffungsauszahlung (EUR)	100.000,00	60.000,00
Nutzungsdauer in Jahren	5	4
Liquiditätserlös (EUR)	5.000,00	0,00
Rückflüsse (EUR)		
$n = 1$	28.000,00	22.000,00
$n = 2$	30.000,00	26.000,00
$n = 3$	35.000,00	28.000,00
$n = 4$	32.000,00	28.000,00
$n = 5$	30.000,00	–
Kalkulationszinssatz	8 %	

1. Beurteilung der absoluten Vorteilhaftigkeit von Objekt A mittels Kapitalwertberechnung

$KW_A =$

Interpretation:

1.1 Verdeutlichung der Finanzierungsneutralität (FK)

   Annahmen:

➢ Vollständige Fremdfinanzierung von Objekt A in Höhe von 100.000,00 EUR.

➢ Aufnahme eines Konsumkredites in Höhe des Kapitalwertes von _____.

➢ Die Auszahlungsdifferenzbeträge der jeweiligen Perioden werden sofort und ausschließlich zur Kreditrückzahlung verwendet.

Rückzahlungsplan:

Zeitpunkt	Zinszahlungen	Nettozahlungen	Rückzahlung	Kreditschuld
0		0 EUR		
1		28.000,00 EUR		
2		30.000,00 EUR		
3		35.000,00 EUR		
4		32.000,00 EUR		
5		35.000,00 EUR		

Interpretation:

1.2 Verdeutlichung der Finanzierungsneutralität (EK)

Annahmen:

➤ Vollständige Eigenfinanzierung von Objekt A in Höhe von 100.000,00 EUR.

➤ Die Einzahlungsüberschüsse werden zum kalkulatorischen Zinssatz von 8 % angelegt und somit als Guthaben verzinst.

Einzahlungsplan

Zeitpunkt	Zinsgutschrift	Nettozahlungen	Gutschrift	Geldvermögen
0		0 EUR		
1		28.000,00 EUR		
2		30.000,00 EUR		
3		35.000,00 EUR		
4		32.000,00 EUR		
5		35.000,00 EUR		

Modell-unternehmen

KLR: Einstieg

Abgrenzung

BAB

Maschinen-stunden

Prozess-kosten

INVESTITION

Finanzierung

Musterklausur

Interpretation:

1.3 Implizite Berücksichtigung einer alternativen Finanzinvestition
Annahmen:

> ➢ Statt der Investition in Objekt A erfolgt eine Anlage der 100.000,00 EUR bei einer Bank.
> ➢ Das Guthaben wird mit dem kalkulatorischen Zinssatz i. H. v. 8 % verzinst.

Das Endvermögen (EV) der Anlage lautet dann:

$EV =$	

Die Differenz zwischen EV bei Investitionsdurchführung und dem EV der Kapitalanlage lautet:

$EV_{Diff.} =$	

Da die Differenz dem Zeitwert in der 5. Periode entspricht, muss zum Vergleich mit dem KW eine Abzinsung des Betrages auf die Anfangsperiode erfolgen. Der „periodenbereinigte" Differenzbetrag lautet:

$EV_{Diff.} =$ (bereinigt)	

Interpretation:

1.4 Allgemeine Aussage des Kapitalwertes

Rückzahlungsplan:

2. Beurteilung der absoluten Vorteilhaftigkeit von Objekt A mittels Kapitalwertberechnung

$KW_B =$	

Interpretation:

3. Beurteilung der relativen Vorteilhaftigkeit von Objekt A und B mittels KW-Berechnung

Diese Beurteilung erfolgt durch den Vergleich der KW der beiden Investitionsobjekte		
$KW_A =$		$KW_{Diff.} =$
$KW_B =$		

Interpretation:

Modell-unternehmen

KLR: Einstieg

Abgrenzung

BAB

Maschinen-stunden

Prozess-kosten

INVESTITION

Finanzierung

Musterklausur

Modell-unternehmen

KLR: Einstieg

Abgrenzung

BAB

Maschinen-stunden

Prozess-kosten

INVESTITION

Finanzierung

Musterklausur

Investitionsprozesse: Zusammenfassung mit Kartenmethoden

PB 22

Arbeitsauftrag

1. Sortieraufgabe: Begriffskarten werden individuell nach „weiß ich" und „weiß ich nicht" geordnet.

2. Strukturlegen: Begriffskarten werden in eine sinnlogische Struktur gelegt.[1]

3. Erklären Sie kurz mit eigenen Worten jeden Begriff.

Investitionsplanung	
Investitionsarten	
Anschaffungskosten	
Anlagekapital	
Bindungsdauer	
Amortisation	
Gewinnvergleich	
Kapitaleinsatz	
Einzahlungsströme	
Endwertfaktor	

---

1 **Hinweis:** Jede Struktur ist individuell, fachliche Fehler aufgrund falscher Verknüpfung können erkannt und korrigiert werden.

Modell-unternehmen

KLR: Einstieg

Abgrenzung

BAB

Maschinen-stunden

Prozess-kosten

INVESTITION

Finanzierung

Musterklausur

Abzinsung	
Absatzplanung	
Kapitalbedarf	
Gesamtkapitalbedarf	
Umlaufkapital	
Kostenvergleichs-rechnung	
Restwert	
Rentabilitätsrechnung	
Kapitalmarktzins	
Auszahlungsströme	
Barwertfaktor	
Rentenbarwertfaktor	

15   Korte - ISBN 978-3-8120-1028-3

Modell-
unternehmen

KLR:
Einstieg

Abgrenzung

BAB

Maschinen-
stunden

Prozess-
kosten

Investition

FINANZIERUNG

Musterklausur

„Jetzt wird es langsam ernst ..." – Finanzierungsentscheidung

 **Ausgangssituation**

Im Rahmen der Gesellschafterversammlung der Bruno Gelato GmbH stellt Herr B. Lucchetta den vorläufigen Jahresabschluss für das Jahr 20xx vor.

[...]

Herr B. Lucchetta:	„Wie Sie sehen konnten, war auch das Jahr 20xx für das Unternehmen mehr als erfreulich. Uns ist es gelungen, durch qualitativ hochwertige Produkte und ansprechende Serviceleistungen die Kundenzufriedenheit weiterhin zu erhöhen sowie eine Reihe neuer Kunden für uns zu gewinnen.
	Wie bereits dargestellt, beträgt der Jahresüberschuss rund 450.000,00 EUR. Da zurzeit auch weitere interne Investitionsvorhaben anstehen, schlage ich vor, die vorhandenen Kapitalreserven in ein branchenverwandtes Unternehmen mit Aussicht auf gute Wachstumschancen zu investieren. Ich habe bereits im September mit zwei für uns infrage kommenden Unternehmen Kontakt aufgenommen – zum einen die Deli Eis GmbH, zum andern die Eismaschinen GmbH. Wir haben uns hier in dieser Runde schon häufiger über die Möglichkeiten der Beteiligung oder einer Übernahme unsererseits unterhalten. Beide Unternehmen agieren auf dem internationalen Markt und suchen zur Stärkung ihrer Wettbewerbssituation neue Gesellschafter bzw. stellen auch eine vollständige Übernahme in Aussicht."
Frau Lucchetta:	„Bruno, dein Vorschlag kommt für mich zwar nicht überraschend, aber trotzdem bin ich der Meinung, wir sollten zunächst an die Sicherung unserer Marktposition hier in Norddeutschland denken."
Herr B. Lucchetta:	„Mit diesem Schritt beabsichtige ich genau dies. Auf längere Sicht sollte nicht nur eine finanzielle Verbundenheit mit einem anderen Unternehmen angestrebt werden. Durch eine Zusammenarbeit mit einem Unternehmer der gleichen Branche können alle beteiligen Unternehmen entsprechende Synergieeffekte[1] nutzen und so ihre Marktposition stärken."
Herr Flügge:	„Ich bin der Meinung, wir sollten zuerst unsere Kapazitäten vergrößern, um dadurch das Angebot einer Hotelkette annehmen zu können und um danach eventuell auch Bio-Eis in unser Sortiment aufzunehmen."
Herr B. Lucchetta:	„Bevor wir uns jedoch im Rahmen einer weiteren Gesellschafterversammlung endgültig für oder gegen ein solches Investitionsprojekt entscheiden, müssen noch einige Daten zusammengetragen und ausgewertet werden. Ich möchte für den 21.01.20xx die Vertreter beider Unternehmen einladen, damit sie uns die finanzielle und ertragswirtschaftliche Lage ihrer Unternehmen darstellen. Zudem beauftrage ich Herrn Flügge damit, die bereits vorliegenden Geschäftsberichte der Unternehmen zu analysieren. Die Entscheidung, die es zu treffen gilt, sollte im Interesse aller Anspruchsgruppen unserer Unternehmung sein."

---

1 **Synergieeffekt:** positive Wirkung, die sich aus dem Zusammenschluss oder der Zusammenarbeit zweier oder mehrerer Organisationen (Unternehmen) ergibt. Ein Synergieeffekt kann auftreten

1. bei diversifizierten Unternehmen, die in verschiedenen Produktmärkten geschäftlich aktiv sind (sog. Mehrproduktunternehmen), sowie
2. bei einem Unternehmenszusammenschluss.

Synergieeffekte sind Wettbewerbsvorteile, die zumeist durch Kostenersparnisse erlangt werden. So ist z.B. die gemeinsame Entwicklung zweier neuer Produkte in einem Großunternehmen aufgrund der Überschneidungen günstiger als die getrennte Entwicklung in zwei verschiedenen (Einprodukt-)Unternehmen. Synergieeffekte können also durch gemeinsame Nutzung von Ressourcen oder auch Vertriebskanälen erzielt werden. Bei der Portfolioanalyse sowie bei der strategischen Planung steht stets auch die optimale Kombination für die gemeinsame Nutzung von Ressourcen zur Diskussion. Bei einem Unternehmenszusammenschluss müssen oftmals potenzielle Synergieeffekte als Begründung herhalten; die Praxis zeigt jedoch in der großen Mehrheit der Fälle, dass die erwünschten Synergieeffekte wesentlich kleiner ausfallen als erwünscht. In diesen Fällen können Synergien oftmals nur durch Entlassung von Arbeitnehmern erzwungen werden. Synergieeffekt steht für die Hoffnung, dass ein Ganzes durch sein Zusammenwirken mehr wert ist als die Summe seiner getrennt bleibenden Teile. Quelle: www.Wirtschaftslexikon24.net.

Modell-unternehmen

KLR: Einstieg

Abgrenzung

BAB

Maschinen-stunden

Prozess-kosten

Investition

FINANZIERUNG

Musterklausur

Herr Flügge: „Wir sollten uns aber heute grundsätzlich mit der Frage beschäftigen, wie eine mögliche Investition finanziert werden kann. Ich habe eine Folie vorbereitet, die eine Übersicht über Finanzierungsmöglichkeiten gibt:

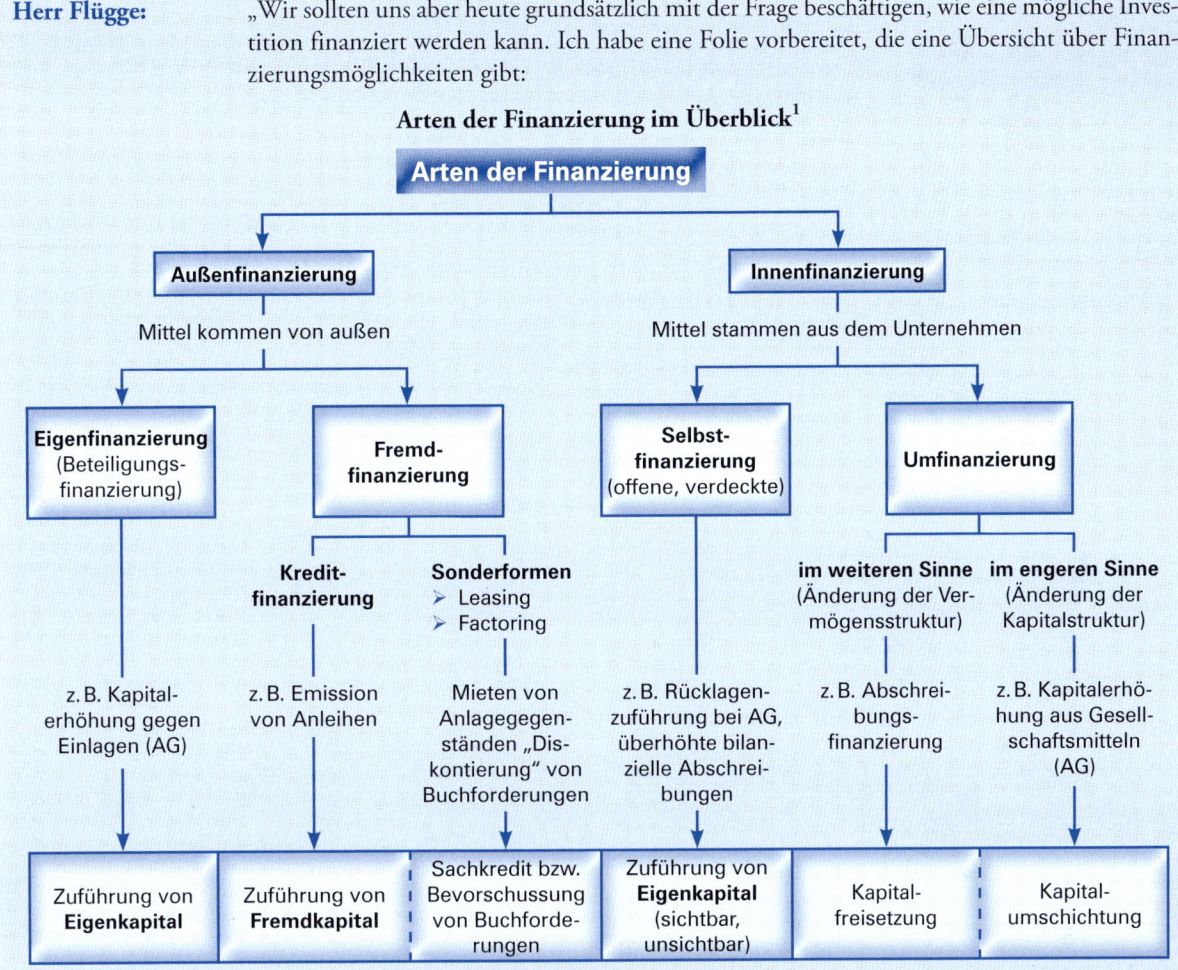

Arten der Finanzierung im Überblick[1]

Arten der Finanzierung

Außenfinanzierung — Mittel kommen von außen

Innenfinanzierung — Mittel stammen aus dem Unternehmen

Eigenfinanzierung (Beteiligungs-finanzierung)

Fremd-finanzierung

Selbst-finanzierung (offene, verdeckte)

Umfinanzierung

Kredit-finanzierung

Sonderformen
➢ Leasing
➢ Factoring

im weiteren Sinne (Änderung der Ver-mögensstruktur)

im engeren Sinne (Änderung der Kapitalstruktur)

z. B. Kapital-erhöhung gegen Einlagen (AG)

z. B. Emission von Anleihen

Mieten von Anlagegegen-ständen „Dis-kontierung" von Buchforderungen

z. B. Rücklagen-zuführung bei AG, überhöhte bilan-zielle Abschrei-bungen

z. B. Abschrei-bungs-finanzierung

z. B. Kapitalerhö-hung aus Gesell-schaftsmitteln (AG)

| Zuführung von **Eigenkapital** | Zuführung von **Fremdkapital** | Sachkredit bzw. Bevorschussung von Buchforde-rungen | Zuführung von **Eigenkapital** (sichtbar, unsichtbar) | Kapital-freisetzung | Kapital-umschichtung |

Frau Lucchetta: „Ich bin der Meinung, wir sollten zuerst prüfen, ob wir nicht in der Lage sind, ohne fremde Hilfe die Investition zu finanzieren."

Herr B. Lucchetta: „Die Investitionen der Vergangenheit haben gezeigt, wie wichtig eine solide Finanzierung für den Erfolg eines Projekts ist. Daher werde ich mir zunächst noch einmal einen Überblick über unsere grundsätzlichen Möglichkeiten der Finanzierung verschaffen, um mich später nicht in Details zu verrennen."

Arbeitsauftrag Klären Sie mithilfe Ihres Schulbuches[2] oder anderer Informationsquellen (z. B. Internet) die Bedeutung der in der Übersicht von Herrn Flügge vorge-stellten Finanzierungsmöglichkeiten.

---

1 Vgl. Meffle, G., u. a.: Das Rechnungswesen der Unternehmung als Entscheidungsinstrument, Band 1, 3. Auflage, Fortis Verlag, Troisdorf 2002, S. 273.

2 Z. B. Speth (Hrsg.): a. a. O., S. 206 ff.

„Schaffen wir das nicht allein …?" – Selbstfinanzierung

AB 7.1

Ausgangssituation

Herr Flügge greift den Vorschlag von Frau Lucchetta auf und überprüft mithilfe der **vorläufigen Bilanz** die Möglichkeit einer Selbstfinanzierung. Dazu hat er sich folgende Zahlenwerte geben lassen:

Aktiva		Bilanz		Passiva
A. Anlagevermögen	1.420.000,00 EUR	**A. Eigenkapital**		
B. Umlaufvermögen	1.527.000,00 EUR	Gezeichnetes Kapital	410.000,00 EUR	
		Kapitalrücklage	10.000,00 EUR	
		Gewinnrücklage		
		1. gesetzliche Gewinnrücklagen	5.000,00 EUR	
		2. andere Gewinnrücklagen	134.000,00 EUR	
		Gewinnvortrag	15.000,00 EUR	
		Jahresüberschuss	450.000,00 EUR	
		B. Fremdkapital	1.923.000,00 EUR	
	2.947.000,00 EUR		2.947.000,00 EUR	

Hinweise zur Lösung der folgenden Arbeitsaufträge finden Sie im IB 22, im Lehrbuch bzw. im Internet.

Arbeitsauftrag

7.1.1 Unterscheiden Sie offene und stille Selbstfinanzierung.

7.1.2 Nennen Sie Vor- und Nachteile der Selbstfinanzierung.

7.1.3 Besteht für die Bruno Gelato GmbH die Möglichkeit, den Jahresüberschuss von 450.000,00 EUR ganz für eine Selbstfinanzierung zu nutzen? Interpretieren Sie dazu das Urteil des Oberlandesgerichts vom 09.07.2008 (siehe IB 23).

7.1.4 Wie würde sich die Verwendung des Jahresüberschusses zur Selbstfinanzierung verändern, wenn Sie statt von einer GmbH von einer AG ausgingen? Ermitteln Sie dazu den minimalen bzw. maximalen Bilanzgewinn sowie den Gewinnvortrag und den sich dabei ergebenden Betrag, der zur Selbstfinanzierung zur Verfügung steht bzw. verloren geht. Interpretieren Sie das Ergebnis. Nutzen Sie die folgende Vorlage.

	Ermittlung eines minimalen Bilanzgewinns	Ermittlung eines maximalen Bilanzgewinns
Jahresüberschuss		
– Einstellung in die gesetzliche Rücklage		
= Zwischensumme		
– Einstellung in andere Gewinnrücklagen bzw. + Entnahmen aus anderen Gewinnrücklagen		
= restlicher Jahresüberschuss		
+ Gewinnvortrag aus dem Vorjahr		
= Bilanzgewinn		
– Dividendenausschüttung		
= Gewinnvortrag		

Modell-unternehmen

KLR: Einstieg

Abgrenzung

BAB

Maschinen-stunden

Prozess-kosten

Investition

FINANZIERUNG

Musterklausur

Berechnung der offenen Selbstfinanzierung		
Einstellung in die gesetzliche Rücklage		
+ Einstellung in andere Gewinnrücklagen		
– Entnahme aus anderen Gewinnrücklagen		
+ neuer Gewinnvortrag		
– alter Gewinnvortrag		
= **Selbstfinanzierung insgesamt bzw. Auflösung der Selbstfinanzierung insgesamt**		

Hinweis zur Ermittlung des Bilanzgewinns:

➤ Aktiennennwert: 5,00 EUR/Aktie; bei einem gezeichneten Kapital in Höhe von 410.000,00 EUR = 82.000 Aktien;

➤ höchste Dividendenausschüttung;

➤ Einstellung in die **gesetzliche Rücklage** (5 % vom Jahresüberschuss vermindert um einen Verlust-vortrag aus dem Vorjahr, Höchstgrenze: gesetzliche Rücklage + Kapitalrücklage betragen 10 % des Grundkapitals) prüfen;

➤ **andere Gewinnrücklagen:** maximal bis zur Hälfte des um den Verlustvortrag und um die Einstel-lung in die gesetzliche Gewinnrücklage verminderten Teils des Jahresüberschusses in die andere Gewinnrücklagen einstellen. Ein Gewinnvortrag aus dem Vorjahr bleibt **unberücksichtigt**.

Die Selbstfinanzierung

1. Der Begriff der Selbstfinanzierung

Der Begriff der Selbstfinanzierung wurde, ähnlich wie der Finanzierungsbegriff, in der Literatur unter-schiedlich weit ausgelegt. Stärker als beim Finanzierungsbegriff ist jedoch in der letzten Zeit eine Eini-gung eingetreten.

Man versteht heute darunter eine Finanzierung des Betriebes aus eigener Kraft ohne Zuführung von Kapital von außen; Umstrukturierungen des Vermögens- und Kapitalbestandes sind zwar auch Finan-zierungsvorgänge innerhalb des Betriebes, werden aber nicht zur Selbstfinanzierung gerechnet, son-dern als spezielle Fälle unter Umschichtungsfinanzierung bzw. Umfinanzierung erfasst. Damit ist der Begriff der Selbstfinanzierung auf die Überschussfinanzierung begrenzt.

Selbstfinanzierung ist Finanzierung aus einbehaltenen Gewinnen.

Deshalb ist Selbstfinanzierung immer mit einer Erhöhung des Eigenkapitals verbunden. Diese Fassung des Begriffs „Selbstfinanzierung" findet sich schon früh z. B. bei Prion[1] und ist heute herrschende Mei-nung.[2] Oettle schreibt, Selbstfinanzierung sei eine Art der Gewinnverwendung; das ergibt sich daraus, dass es sich um die Finanzierung aus einbehaltenen Gewinnen handelt. Dieser Aspekt darf jedoch nicht so weit in den Vordergrund gestellt werden, dass die Frage des formellen Einbehaltungsbe-schlusses zur Kernfrage für das Vorliegen von Selbstfinanzierung wird. Einmal fehlt bei Einzelunterneh-mungen und sogar bei Personengesellschaften oft ein formeller Gewinnverwendungsbeschluss; zum anderen kann auch bei Kapitalgesellschaften schon Selbstfinanzierung betrieben werden, ohne dass ein Beschluss über die Einbehaltung des Gewinns vorliegt: Wenn nämlich erwirtschaftete Gewinne sofort zur Finanzierung betrieblicher Vorgänge eingesetzt werden. Meist wird dann später im formellen

---

1 Vgl. Prion, Willi: Selbstfinanzierung der Unternehmungen, Berlin 1931, S. 2., zitiert in Vormbaum, H.: Finanzierung der Betriebe, a. a. O., S. 235 ff.

2 Vgl. Oettle, Karl: Selbstfinanzierung, in: Handwörterbuch der Betriebswirtschaft, 3. Aufl., Stuttgart 1960, Spalte 4868; Schneider, Dieter: Investition und Finanzierung, a. a. O., S. 149; Süchting, Joachim: Finanzmanagement, a. a. O., S. 21; Wöhe, Günter/Bilstein, Jürgen: Grundzüge der Unternehmensfinanzierung, 6. Aufl., München 1991 zitiert nach Vormbaum a. a. O.

Gewinnverwendungsbeschluss die Einbehaltung der entsprechenden Gewinnteile endgültig ausgesprochen und die während des Geschäftsjahres kontinuierlich vollzogene Selbstfinanzierung so durch die Rücklagenbildung dauerhaft manifestiert.

2. Die Formen der Selbstfinanzierung

Die Zurückbehaltung von Gewinnen kann auf unterschiedliche Weise erfolgen. Betrachtet auf der Grundlage der Bilanz, ist eine Gewinnzurückbehaltung möglich durch

● **Einbehaltung ausgewiesener Gewinne**

> ➢ bei personenbezogenen Unternehmungen durch Gutschrift auf Kapitalkonto und Verzicht auf die Entnahme,
> ➢ bei Kapitalgesellschaften durch Einstellung in die Gewinnrücklagen oder Übertragung auf die Rechnung des folgenden Jahres als Gewinnvortrag

oder

● **Minderung des auszuweisenden Gewinns durch die Bildung stiller Rücklagen über**

> ➢ die Unterbewertung von Vermögensteilen oder
> ➢ die Überbewertung von Schulden oder
> ➢ die Nichtaktivierung von Vermögensteilen, für die ein Aktivierungswahlrecht besteht (z. B. selbst geschaffene immaterielle Vermögensgegenstände des Anlagevermögens gem. § 248 Abs. 2 S. 1 HGB), oder
> ➢ die Nichtbilanzierungsfähigkeit von Vermögensteilen (z. B. selbst geschaffene Marken, Drucktitel, Verlagsrechte, Kundenlisten oder vergleichbare immaterielle Vermögensgegenstände des Anlagevermögens gem. § 248 Abs. 2 S. 2 HGB).

Beide Formen der Gewinneinbehaltung führen zur Verstärkung der Eigenkapitalbasis des Betriebes.

Im ersten Fall steigt das in der Bilanz ausgewiesene Eigenkapital, sei es durch Erhöhung der Kapitalkonten, sei es durch Erhöhung der offenen Rücklagen oder des Gewinnvortrages. Diese Art der Selbstfinanzierung ist aus der Bilanz zu ersehen (Erhöhung des bilanziellen Eigenkapitals); man spricht deshalb von **offener Selbstfinanzierung.**

Im zweiten Fall enthält die Bilanz stille Rücklagen, deren Vorhandensein im Allgemeinen nicht erkennbar ist, sodass die auf diesem Weg durchgeführte Selbstfinanzierung **als verdeckte oder stille Selbstfinanzierung** bezeichnet wird. Bei dieser Form der Selbstfinanzierung erhöht sich nicht das bilanzielle Eigenkapital, sondern nur das effektive Eigenkapital.

Überblick: offene Selbstfinanzierung[1]

---

1 Vgl.:http://www.stendal.hs-magdeburg.de/project/konjunktur/Fiwi/vorlesung/7.Semester/vorlesungsmaterial/Thema%2015%20Innenfinanzierung.pdf., S. 10.

Gerichtsurteil zu Ergebnisverwendungsbeschlüssen[1]  23

Gericht: Oberlandesgericht Nürnberg
Urteil verkündet am 09.07.2008
Aktenzeichen: 12 U 690/07
Rechtsgebiete: GmbHG, HGB

Vorschriften:

GmbHG § 29 Abs. 2
GmbHG § 42a Abs. 2
GmbHG § 46 Nr. 1
HGB § 266 Abs. 3 Position A III
HGB § 266 Abs. 3 Position A IV

1. Zur Anfechtbarkeit von **Ergebnisverwendungsbeschlüssen** der Gesellschafter einer GmbH.

2. Bei der Entscheidung über die Ergebnisverwendung sind die berechtigten Interessen der einzelnen Gesellschafter an einer hohen Gewinnausschüttung gegenüber dem Interesse der Gesellschaft an einer Rücklagenbildung, den Bedürfnissen der Selbstfinanzierung und Zukunftssicherung der Gesellschaft **abzuwägen.**

3. Für diese Abwägung und insoweit in Betracht kommende prognostische Erwägungen (etwa hinsichtlich eines Investitionsbedarfs der Gesellschaft) ist der **Kenntnisstand der Gesellschafter** zum Zeitpunkt der Beschlussfassung maßgebend.

4. Eine gerichtliche Überprüfung dieser Abwägung kann nicht dazu führen, dass nur eine einzig denkbare Entscheidung alle abzuwägenden Interessen angemessen berücksichtigt und sämtliche anderen Entscheidungsmöglichkeiten über eine Ergebnisverwendung fehlerhaft wären. Andernfalls würden unternehmerische Entscheidungen allein vom Gericht getroffen. Ein derartiger Eingriff des Gerichts in den Kernbereich unternehmerischer Autonomie ist unzulässig.

Die von der Gesellschafterversammlung getroffene Entscheidung darf nur äußerst restriktiv[2] daraufhin überprüft werden, ob sie gegen gesetzliche Schranken (§§ 138, 226, 242, 826 BGB) verstößt oder ob sich das Abstimmungsverhalten einzelner Gesellschafter bei Abwägung der einzustellenden Interessen als Verstoß gegen die Treuepflicht der Gesellschafter erweist.

5. Bei der Abwägung kann sich die Entscheidung des Mehrheitsgesellschafters zur Bildung einer Gewinnrücklage unter Einstellung von 25 Millionen Euro aus dem Gewinnvortrag der Gesellschaft in diese Rücklage als treuwidrig erweisen, wenn **hierdurch kein wesentlicher messbarer Vorteil für die Gesellschaft ersichtlich ist,** andererseits das Gewinnausschüttungsinteresse des Minderheitsgesellschafters im Hinblick auf den erschwerten Zugriff auf eine Gewinnrücklage erheblich beeinträchtigt wird.

6. Ergebnisverwendungsbeschlüsse der Gesellschafter einer GmbH werden nicht dadurch bestätigt - mit der Folge, dass eine Anfechtung dieser Beschlüsse nicht mehr geltend gemacht werden kann -, dass im Folgejahr ein - nicht angefochtener - Beschluss über die Feststellung des Jahresabschlusses gefasst wird, in dem die durch den - angefochtenen - früheren Ergebnisverwendungsbeschluss entschiedene Art der Gewinnverwendung sich lediglich in einzelnen Positionen widerspiegelt. (.....)

---

1 Quelle: http://www.judicialis.de/Oberlandesgericht-N%C3%BCrnberg_12-U-690-07_Urteil_09.07.2008.html.

2 restriktiv: einschränkend, einengend.

Modell-unternehmen

KLR: Einstieg

Abgrenzung

BAB

Maschinen-stunden

Prozess-kosten

Investition

FINANZIERUNG

Musterklausur

Modell-unternehmen

KLR: Einstieg

Abgrenzung

BAB

Maschinen-stunden

Prozess-kosten

Investition

FINANZIERUNG

Musterklausur

„Brauchen wir Hilfe von außen?" – Innen- oder Außenfinanzierung?

Ausgangssituation

Nachdem sich in der Gesellschafterversammlung alle einen Überblick über mögliche Finanzierungsalternativen verschafften, werden in der erneuten Gesellschafterversammlung der Bruno Gelato GmbH zuerst die Möglichkeiten der Selbstfinanzierung diskutiert. Nach gründlicher Abwägung aller Argumente stellen die Gesellschafter jedoch fest, dass eine Selbstfinanzierung zurzeit nicht möglich ist. Als Alternative zur Selbstfinanzierung wird daher auch über die Möglichkeiten der Außenfinanzierung nachgedacht.

Frauke Kluge, die Tochter von Klaus Kluge, Firmengründer der Deli Eis GmbH, hat bei den ersten Gesprächen auch die Möglichkeit einer Beteiligung in Aussicht gestellt. Frau Kluge ist studierte Juristin und hat sich auf Wirtschaftsrecht spezialisiert.

So würde sich neben der Inanspruchnahme eines entsprechenden Kredites auch die Aufnahme einer neuen Gesellschafterin anbieten. Als weitere Möglichkeit der Innenfinanzierung soll auch die Finanzierung aus Abschreibungen auf der nächsten Gesellschafterversammlung diskutiert werden, die Herr Flügge vorbereiten soll. Dazu führt er im Vorfeld intensive Gespräche mit den einzelnen Gesellschaftern.

1. Gesprächsnotiz mit Herrn B. Lucchetta:

- ➤ stark gewinnorientiert
- ➤ sieht zukünftige wirtschaftliche Entwicklung positiv
- ➤ sieht in der Haftung keine Probleme, da bei Verlust die neue Gesellschafterin Haftungskapital erhöht und damit die Kreditwürdigkeit des Unternehmens steigt
- ➤ Unabhängigkeit von Banken sehr wichtig
- ➤ Sachkompetenz von Frau Kluge als sinnvolle Ergänzung

2. Gesprächsnotiz mit Frau Lucchetta:

- ➤ erwartet durch Investition eine Gewinnerhöhung, die nicht auf weitere Gesellschafter verteilt werden soll
- ➤ sieht bei der gegenwärtigen Gewinnsituation keine Haftungsprobleme
- ➤ durch hohe Stammeinlage erwartet sie eine hohe Eigenkapitalrentabilität

3. Gesprächsnotiz mit St. Lucchetta:

- ➤ Einschätzung zukünftige Gewinnerwartung nicht optimistisch
- ➤ gegen Aufnahme einer weiteren Gesellschafterin
- ➤ möchte Haftungsmasse erweitern
- ➤ Belastung durch Zins- und Tilgungsverpflichtung möglichst vermeiden

AB **7.2**

Modell- unternehmen

KLR: Einstieg

Abgrenzung

BAB

Maschinen- stunden

Prozess- kosten

Investition

FINANZIERUNG

Musterklausur

4. Eigene Vorstellung (Herr Flügge):

> Frau Kluge könnte vorerst eine Stammeinlage von 300.000,00 EUR tätigen, evtl. Möglichkeit der Nachschusspflicht über 100.000,00 EUR

> Ausweitung der Haftungsmasse von Vorteil

> schätzt zukünftige Gewinnsituation einerseits nicht sehr optimistisch ein, erwartet andererseits keine Verluste

> ist auf hohe Gewinnausschüttung angewiesen

> sieht Problem in fehlender Liquidität des Unternehmens durch hohe Zins- und Tilgungsraten für mögliche Kredite

In den Gesprächen mit den Gesellschaftern wurde deutlich, dass hinsichtlich Beteiligungsfinanzierung und Finanzierung aus Abschreibungen ein erheblicher Klärungsbedarf besteht.

Nach Rücksprache mit Herrn B. Lucchetta werden folgende Tagesordnungspunkte vereinbart:

> TOP 1: Information über Beteiligungsfinanzierung

> TOP 2: Information über Finanzierung aus Abschreibungen

> TOP 3: Diskussion über weitere Vorgehensweise

Arbeitsauftrag

7.2.1 Bereiten Sie den Tagesordnungspunkt 1 vor!

> Definieren Sie den Begriff Beteiligungsfinanzierung. Nutzen Sie Ihr Schulbuch bzw. recherchieren Sie im Internet.

> Ermitteln und bewerten Sie die Vor- und Nachteile der Beteiligungsfinanzierung. Präsentieren Sie Ihre Ergebnisse. Nutzen Sie PB 23.

7.2.2 Bereiten Sie den Tagesordnungspunkt 2 vor!

> Erklären Sie die Möglichkeit, Finanzierungen über Abschreibungen vorzunehmen. Nutzen Sie Ihr Schulbuch oder machen Sie eine Internetrecherche.

> Erklären Sie in diesem Zusammenhang den **Lohmann-Ruchti-Effekt**.

Präsentieren Sie Ihre Ergebnisse. Nutzen Sie PB 23.

7.2.3 Bereiten Sie den Tagesordnungspunkt 3 vor.

Bilden Sie dazu vier Gruppen. Jede Gruppe übernimmt stellvertretend die Position eines Gesellschafters. Bereiten Sie sich in der Gruppe auf die Durchführung der Gesellschafterversammlung vor. Bestimmen Sie einen Vertreter. Nutzen Sie IB 24.

Schüler, die sich nicht aktiv an der Gesellschafterversammlung beteiligen, nutzen den Beobachtungsbogen (PB 24) und geben ein Feedback.

16   Korte - ISBN 978-3-8120-1028-3

Modell-
unternehmen

KLR:
Einstieg

Abgrenzung

BAB

Maschinen-
stunden

Prozess-
kosten

Investition

FINANZIERUNG

Musterklausur

Prozess der Entscheidungsfindung[1]

In den letzten Jahrzehnten konnte eine starke Abkehr von Individualentscheidungen hin zu gemeinschaftlichen Entscheidungen in Unternehmen bzw. in der Wirtschaft verzeichnet werden. Die zunehmende Verbreitung von gemeinschaftlichen Entscheidungen wird häufig damit begründet, dass sie zu qualitativ besseren Entscheidungen führen würden.

Dem gemeinschaftlichen Entscheidungsfindungsprozess kommt also eine besondere Bedeutung in und für Besprechungen zu. Dabei setzen diese Entscheidungen eine gut funktionierende Informations- und Kommunikationsfähigkeit voraus.

Es werden im Rahmen des Entscheidungsfindungsprozesses oft Differenzen und unterschiedliche Meinungen auftreten. Diese gilt es zu diskutieren. Bezüglich der Entscheidungen der Gruppenmitglieder sollte eine Übereinstimmung in den wesentlichsten Punkten angestrebt werden. Oft wird allerdings keine vollständige Deckungsgleichheit der Vorstellungen der einzelnen Beteiligten erlangt.

Folgende Fragen sind in Besprechungen und Sitzungen, wie auch in der heute stattfindenden Gesellschafterversammlung der Bruno Gelato GmbH, oft für den Ausgang und das Ergebnis von besonderer Wichtigkeit:

> ➤ Werden Standpunkte unter allen Umständen von einem oder mehreren Beteiligten verteidigt?
>
> ➤ Wird ein Versuch unternommen, durch überzeugende Argumente die Zustimmung der anderen und eine Einigung zu erlangen (durch Konsens oder Kompromiss)?
>
> ➤ Werden mögliche und mehrheitsfähige Handlungsalternativen diskutiert, um Probleme zu lösen?
>
> ➤ Werden Machtverhältnisse ausgespielt oder wird ein gemeinsames Interesse verfolgt?
>
> ➤ Kommt es durch den Gruppendruck zu suboptimalen Entscheidungen?
>
> ➤ Welche Rolle/Steuerung übernimmt der Moderator bzw. der Sitzungsleiter (Delegation)?
>
> ➤ Gibt es Gewinner und Verlierer oder werden übereinstimmende Entscheidungen erlangt?
>
> ➤ Steht die Erreichung des gesetzten fachlichen Ziels über dem individuellen Interesse der Beteiligten?
>
> ➤ Sind die Kriterien, die zur Entscheidungsfindung geführt haben, transparent und sachlich bzw. objektiv?

---

1 In Anlehnung an folgende Quellen:
   Grüning, R./Hühn, R.(2006): Entscheidungsverfahren für komplexe Probleme, 2. Auflage, Berlin: Springer Verlag.
   Domke, C. (2006): Besprechungen als organisationale Entscheidungskommunikation, Berlin et al.: Walter de Gruyter Verlag.
   Scharff, U. (1988): Entscheidungsfindung im Gruppenprozess, Konstanz: Hartung-Gorre Verlag.

Übersicht Beteiligungsfinanzierung und Finanzierung aus Abschreibungen

Beteiligungsfinanzierung

Definition:

Vorteile	Nachteile

Finanzierung aus Abschreibungen

Definition:

Vorteile	Nachteile

Modell-unternehmen

KLR: Einstieg

Abgrenzung

BAB

Maschinen-stunden

Prozess-kosten

Investition

FINANZIERUNG

Musterklausur

Modell-unternehmen

KLR: Einstieg

Abgrenzung

BAB

Maschinen-stunden

Prozess-kosten

Investition

FINANZIERUNG

Musterklausur

Beobachtungsbogen –
Prozess der Entscheidungsfindung

	Ja	Nein
1) Wird ein **Konsens** der Beteiligten durch das **freiwillige und offensichtliche** Eingehen auf Motive und Interessen aller Gesellschafter gefunden?		
2) Werden **Kompromisse** nach dem Prinzip „Jeder gibt und erhält etwas" eingegangen?		
3) Wird die letztendliche Entscheidung durch das Einschalten der Geschäftsführung gefällt (Delegation)?		
4) Kann sich ein Gesellschafter bei der Entscheidungsfindung maßgeblich durchsetzen? ➢ **Wenn ja,** um welchen Gesellschafter handelt es sich: _____ ➢ **Wenn ja,** worauf ist dies Ihrer Meinung nach zurückzuführen? _____ _____		

Güte/Fachlichkeit der Entscheidung	Ja	Nein
5) Ist die Entscheidung objektiv die beste Wahl für das Unternehmen?		
6) Sind die Kriterien, die zur Entscheidung geführt haben, transparent?		
7) Sind die Kriterien, die zur Entscheidung geführt haben, sachlich und objektiv?		

Sonstige Kriterien/Bemerkungen	Ja	Nein

Modell-unternehmen

KLR: Einstieg

Abgrenzung

BAB

Maschinen-stunden

Prozess-kosten

Investition

FINANZIERUNG

Musterklausur

„Macht die Hausbank da mit?" – Kreditfinanzierung

 **7.3**

 **Ausgangssituation**

Auf der letzten Versammlung haben sich die Gesellschafter geeinigt, Herrn Krause als neuen Gesellschafter in die GmbH aufzunehmen. Herr Krause könnte eine Stammeinlage von 300.000,00 EUR in das Unternehmen einbringen.

Die Bauhallen AG hat uns ein Angebot über die Produktionshalle zugesandt. Danach würde die Anlage insgesamt 568.000,00 EUR kosten. Da die anderen Gesellschafter keine zusätzlichen Einlagen tätigen wollen, muss der Restbetrag über die Aufnahme von Fremdkapital finanziert werden.

Bevor Angebote von den Banken eingeholt werden, wünschen die Gesellschafter der Bruno Gelato GmbH Angaben über die Kreditwürdigkeit ihres Unternehmens. Grundlage dafür ist die Bilanz und die GuV des letzten Jahres.

Zusätzlich vereinbaren Herr Lucchetta und Herr Flügge einen Gesprächstermin mit Herrn Dr. Meyer, dem Filialleiter der Hausbank. Zum vereinbarten Gesprächstermin legen sie folgende Unterlagen vor:

➤ Eine genaue Beschreibung und die Kalkulation der geplanten Investition.

➤ Eine Begründung über die Notwendigkeit dieser Investition in Verbindung mit einem mittelfristigen Unternehmenskonzept.

➤ Pläne und Beschreibungen der Produktionshalle (Bauhallen AG)

➤ Den letzten Jahresabschluss in Form der Bilanz und der Gewinn- und Verlustrechnung.

➤ Einen aktuellen Auszug aus dem Handelsregister.

➤ Die aktuellen Zahlen über die Ertragslage des Unternehmens.

➤ Die momentane und zu erwartende Auftragslage und Ertragslage der nächsten Jahre.

 **Arbeitsauftrag**

7.3.1 Bilden Sie fünf Arbeitsgruppen und bearbeiten Sie unter Zuhilfenahme von PB 25, PB 26 und PB 27 folgende Arbeitsaufträge:

➤ **Arbeitsgruppe 1** ermittelt und beurteilt die **Kapitalausstattung** der Bruno Gelato GmbH[1], der Deli Eis GmbH[2] und der Eismaschinen GmbH[3].

➤ **Arbeitsgruppe 2** ermittelt und beurteilt die **Vermögensstruktur** der Bruno Gelato GmbH[1], der Deli Eis GmbH[2] und der Eismaschinen GmbH[3].

➤ **Arbeitsgruppe 3** ermittelt und beurteilt die **Zahlungsfähigkeit** der Bruno Gelato GmbH[1], der Deli Eis GmbH[2] und der Eismaschinen GmbH[3].

➤ **Arbeitsgruppe 4** ermittelt und beurteilt die **Anlagenfinanzierung** der Bruno Gelato GmbH[1], der Deli Eis GmbH[2] und der Eismaschinen GmbH[3].

➤ **Arbeitsgruppe 5** ermittelt und beurteilt die **Rentabilität** der Bruno Gelato GmbH[1], der Deli Eis GmbH[2] und der Eismaschinen GmbH[3].

7.3.2 Beurteilen Sie nach dem Austausch der Gruppenarbeitsergebnisse die Kreditwürdigkeit der Bruno Gelato GmbH unter Berücksichtigung der ermittelten Kennzahlen.

7.3.3 Beurteilen Sie zum Vergleich die Kreditwürdigkeit der Deli GmbH und der Eismaschinen GmbH. (Nutzen Sie IB 25.)

---

1 Siehe IB 7 und 8, S. 21f.

2 Siehe IB 9 und 10, S. 23f.

3 Siehe IB 11 und 12, S. 25f.

Modell-
unternehmen

KLR:
Einstieg

Abgrenzung

BAB

Maschinen-
stunden

Prozess-
kosten

Investition

FINANZIERUNG

Musterklausur

Beurteilung der Bilanz der Bruno Gelato GmbH (Bilanzkritik)

 **PB 25**

Kennzahlen[1]	Formel	Berechnung	Bewertung
Kapitalausstattung			
1. Grad der finanziellen Unabhängigkeit	$\dfrac{\text{Eigenkapital} \cdot 100}{\text{Gesamtkapital}}$		
2. Grad der Verschuldung	$\dfrac{\text{Fremdkapital} \cdot 100}{\text{Gesamtkapital}}$		
Vermögensstruktur			
3. Anlagequote	$\dfrac{\text{Anlagevermögen} \cdot 100}{\text{Gesamtvermögen}}$		
4. Umlaufintensität	$\dfrac{\text{Umlaufvermögen} \cdot 100}{\text{Gesamtvermögen}}$		
Zahlungsfähigkeit			
5. Liquidität 1. Grades	$\dfrac{\text{flüssige Mittel} \cdot 100}{\text{kurzfristiges Fremdkapital}}$		
6. Liquidität 2. Grades	$\dfrac{(\text{flüssige Mittel} + \text{Ford.}) \cdot 100}{\text{kurzfristiges Fremdkapital}}$		
7. Liquidität 3. Grades	$\dfrac{\text{Umlaufvermögen} \cdot 100}{\text{kurzfristiges Fremdkapital}}$		
Anlagenfinanzierung			
8. Deckungsgrad I	$\dfrac{\text{Eigenkapital} \cdot 100}{\text{Anlagevermögen}}$		
9. Deckungsgrad II	$\dfrac{(\text{EK} + \text{langfr. Fremdkapital}) \cdot 100}{\text{Anlagevermögen}}$		
Rentabilität			
10. EK Rentabilität	$\dfrac{\text{Jahresgewinn} \cdot 100}{\text{Eigenkapital}}$		
11. Unternehmens-rentabilität	$\dfrac{(\text{Jahresgewinn} + \text{Zinsen}^2) \cdot 100}{\text{Gesamtkapital}}$		

1 **Anmerkung:** Die folgenden Kennzahlen stellen nur eine kleine Auswahl dar, da die Bilanzanalyse erst in der 13. Jahrgangsstufe vertiefend behandelt wird.
2 Jahreszinsen: 43.428,00 EUR

Beurteilung der Bilanz der Deli Eis GmbH (Bilanzkritik)

Kennzahlen[1]	Formel	Berechnung	Bewertung
Kapitalausstattung			
1. Grad der finanziellen Unabhängigkeit	$\dfrac{\text{Eigenkapital} \cdot 100}{\text{Gesamtkapital}}$		
2. Grad der Verschuldung	$\dfrac{\text{Fremdkapital} \cdot 100}{\text{Gesamtkapital}}$		
Vermögensstruktur			
3. Anlagequote	$\dfrac{\text{Anlagevermögen} \cdot 100}{\text{Gesamtvermögen}}$		
4. Umlaufintensität	$\dfrac{\text{Umlaufvermögen} \cdot 100}{\text{Gesamtvermögen}}$		
Zahlungsfähigkeit			
5. Liquidität 1. Grades	$\dfrac{\text{flüssige Mittel} \cdot 100}{\text{kurzfristiges Fremdkapital}}$		
6. Liquidität 2. Grades	$\dfrac{(\text{flüssige Mittel + Ford.}) \cdot 100}{\text{kurzfristiges Fremdkapital}}$		
7. Liquidität 3. Grades	$\dfrac{\text{Umlaufvermögen} \cdot 100}{\text{kurzfristiges Fremdkapital}}$		
Anlagenfinanzierung			
8. Deckungsgrad I	$\dfrac{\text{Eigenkapital} \cdot 100}{\text{Anlagevermögen}}$		
9. Deckungsgrad II	$\dfrac{(\text{EK + langfr. Fremdkapital}) \cdot 100}{\text{Anlagevermögen}}$		
Rentabilität			
10. EK Rentabilität	$\dfrac{\text{Jahresgewinn} \cdot 100}{\text{Eigenkapital}}$		
11. Unternehmensrentabilität	$\dfrac{(\text{Jahresgewinn + Zinsen}) \cdot 100}{\text{Gesamtkapital}}$		

1 **Anmerkung:** Die folgenden Kennzahlen stellen nur eine kleine Auswahl dar, da die Bilanzanalyse erst in der 13. Jahrgangsstufe vertiefend behandelt wird.

Modell-unternehmen · KLR: Einstieg · Abgrenzung · BAB · Maschinen-stunden · Prozess-kosten · Investition · **FINANZIERUNG** · Musterklausur

PB 26

Modell-unternehmen

KLR: Einstieg

Abgrenzung

BAB

Maschinen-stunden

Prozess-kosten

Investition

FINANZIERUNG

Musterklausur

Beurteilung der Bilanz der Eismaschinen GmbH (Bilanzkritik)

PB 27

Kennzahlen[1]	Formel	Berechnung	Bewertung
Kapitalausstattung			
1. Grad der finanziellen Unabhängigkeit	$\dfrac{\text{Eigenkapital} \cdot 100}{\text{Gesamtkapital}}$		
2. Grad der Verschuldung	$\dfrac{\text{Fremdkapital} \cdot 100}{\text{Gesamtkapital}}$		
Vermögensstruktur			
3. Anlagequote	$\dfrac{\text{Anlagevermögen} \cdot 100}{\text{Gesamtvermögen}}$		
4. Umlaufintensität	$\dfrac{\text{Umlaufvermögen} \cdot 100}{\text{Gesamtvermögen}}$		
Zahlungsfähigkeit			
5. Liquidität 1. Grades	$\dfrac{\text{flüssige Mittel} \cdot 100}{\text{kurzfristiges Fremdkapital}}$		
6. Liquidität 2. Grades	$\dfrac{(\text{flüssige Mittel} + \text{Ford.}) \cdot 100}{\text{kurzfristiges Fremdkapital}}$		
7. Liquidität 3. Grades	$\dfrac{\text{Umlaufvermögen} \cdot 100}{\text{kurzfristiges Fremdkapital}}$		
Anlagenfinanzierung			
8. Deckungsgrad I	$\dfrac{\text{Eigenkapital} \cdot 100}{\text{Anlagevermögen}}$		
9. Deckungsgrad II	$\dfrac{(\text{EK} + \text{langfr. Fremdkapital}) \cdot 100}{\text{Anlagevermögen}}$		
Rentabilität			
10. EK Rentabilität	$\dfrac{\text{Jahresgewinn} \cdot 100}{\text{Eigenkapital}}$		
11. Unternehmens-rentabilität	$\dfrac{(\text{Jahresgewinn} + \text{Zinsen}) \cdot 100}{\text{Gesamtkapital}}$		

---

1 **Anmerkung:** Die folgenden Kennzahlen stellen nur eine kleine Auswahl dar, da die Bilanzanalyse erst in der 13. Jahrgangsstufe vertiefend behandelt wird.

Vom Kreditbedarf bis zur Kreditgewährung

25

Jede Bereitstellung von Fremdkapital setzt das Vertrauen in den Darlehensnehmer auf Rückzahlung des Darlehensbetrages zuzüglich der vereinbarten Zinsen voraus.

Bevor ein Darlehensvertrag geschlossen wird, wird deshalb nicht nur die Kreditfähigkeit, sondern auch die Kreditwürdigkeit des Darlehensnehmers geprüft.

Kreditfähigkeit und Kreditwürdigkeit

Kreditfähigkeit[1]	Kreditfähigkeit ist die rechtliche Fähigkeit einer natürlichen oder juristischen Person, einen Darlehensvertrag zu schließen.
	➤ Natürliche Personen sind kreditfähig, wenn sie voll geschäftsfähig sind.
	➤ Juristische Personen, z.B. Kapitalgesellschaften, sind kreditfähig, wenn sie rechtsfähig sind. Das ist der Fall, wenn sie im Handelsregister eingetragen sind.
Kreditwürdigkeit[2]	Bei jeder Kreditgewährung vertraut das Kreditinstitut als Kreditgeber auf die Rückzahlung des Kredits und die Bezahlung der Zinsen durch den Kreditnehmer. Diese Tatsache zeigt sich schon durch das deutsche Wort Kredit, das von dem lateinischen Wort „credere", was so viel bedeutet wie „Vertrauen", abgeleitet ist.
	Wenn die Kreditfähigkeit eines Kreditnehmers gegeben ist, schließt sich deshalb die Prüfung der Kreditwürdigkeit an.
	Hier unterscheiden die Kreditinstitute zwischen personeller und materieller Kreditwürdigkeit.
	➤ **Personelle Kreditwürdigkeit**
	Sie ist gegeben, wenn der Antragsteller bestimmte persönliche Eigenschaften nachweist. Solche Eigenschaften sind z.B. Zuverlässigkeit, Vertrauenswürdigkeit, berufliche bzw. unternehmerische Fähigkeiten.
	➤ **Materielle Kreditwürdigkeit**
	Sie ist gegeben, wenn der Kreditantragsteller geordnete wirtschaftliche Verhältnisse nachweist. Dazu überprüft man seine Vermögensverhältnisse und die Ertragslage seines Unternehmens.

Eigenkapitalgeber könnten daran interessiert sein, die Kreditwürdigkeit zu prognostizieren, weil mit zunehmender Fremdkapitalaufnahme durch den sog. **Leverage-Effekt** die Eigenkapitalrentabilität gesteigert werden kann.

Zudem ist die Gefahr des Kapitalverlustes durch Illiquidität regelmäßig umso geringer, je besser die Kreditwürdigkeit des Unternehmens ist. Ein solcher Blickwinkel wird z.B. auch von Lieferanten [...] im Hinblick auf die Kreditwürdigkeitsprüfung eines Unternehmens vorrangig eingenommen. Ferner ist für die Sicherung von Ausschüttungen eine gewisse Kreditwürdigkeit notwendig, weil die hierzu erforderlichen Mittel oft im Unternehmen nicht in liquider Form vorhanden sind. Schließlich werden die erwirtschafteten Einzahlungsüberschüsse laufend [...] und teilweise langfristig durch das Unternehmen reinvestiert. [...]

Bei der Kreditwürdigkeitsprüfung ist die **Liquiditätsprognose der wichtigste Untersuchungsaspekt.** [...] Die liquiditätsmäßige Kreditsicherheit ist umso größer, je mehr Kredite das Unternehmen aufnehmen könnte, ohne dass die Liquidität gefährdet ist.

Unter diesem Aspekt ist auch die **Vermögens- und Wachstumsanalyse** zu betrachten. Je höher das Liquiditätssicherungsvermögen ist und je besser die Erfolgsaussichten einzuordnen sind, desto höher wird im Allgemeinen auch die Kreditwürdigkeit sein. Die zukünftige Erfolgslage ist deshalb ein wichtiges Kriterium, weil hier die Quelle der Zinszahlungs- und Tilgungsmittel liegt.

Quelle: Brösel, G.: Bilanzanalyse Unternehmensbeurteilung auf der Basis von HGB- und IFRS-Abschlüssen, 14. Auflage, Erich Schmidt Verlag, 2012, S. 263f.

---

1 Vgl. www.finanzlexikon.de

2 Vgl. www.monetos.de/finanzierung/kredit/ablauf/kreditfaehigkeit-kreditwuerdigkeit/

17 Korte - ISBN 978-3-8120-1028-3

Modell-unternehmen

KLR: Einstieg

Abgrenzung

BAB

Maschinen-stunden

Prozess-kosten

Investition

FINANZIERUNG

Musterklausur

Zusammenhang zwischen Bonität und Zinshöhe	
Schlechte Bonität	Gute Bonität
höheres Risiko für das Kreditinstitut	geringeres Risiko für das Kreditinstitut
höhere Zinsen (= Kosten) für den Kreditnehmer	niedrigere Zinsen (= Kosten) für den Kreditnehmer

Die Kreditwürdigkeitsprüfung als Prognose der Kapitaldienstfähigkeit umfasst sämtliche [...] Partialzielsetzungen ("Liquidität", "Erfolg", "Vermögen" und "Wachstum") der Bilanzanalyse. [...]

Darüber hinaus wird beispielsweise verlangt, das **Vorliegen und den Inhalt eines ordentlichen Finanzplans, eines sog. Businessplans und/oder einer Rentabilitätsvorschau zu prüfen.** Dies ist bei der (externen) Bilanzanalyse allerdings nicht möglich.

Gemäß der Eigenkapitalanforderungen für Kreditinstitute soll deren Eigenkapitalunterlegung risikoabhängig erfolgen. Kreditvergaben unterliegen aufgrund dieser Regelungen (z. B. **"Basel II"**) einem **Rating.** Die Kreditkonditionen und die Kredithöhe der Kreditnehmer sollen sich vornehmlich am Ergebnis eines (bank-)internen oder (bank-)externen Ratings orientieren. Die Rahmenanforderungen für Ratingverfahren ergeben sich aus der sog. Solvabilitätsverordnung (SolvV).

Auf Basis dieser Anforderungen wurden **institutsspezifische oder -übergreifende Vorgehensweisen** (sog. Poollösungen) entwickelt. Die Methoden unterscheiden sich dabei im Hinblick auf die Art, Anzahl und Gewichtung der in die Analyse einbezogenen quantitativen (sog. **Hard Facts**) und qualitativen (sog. **Soft Facts**) Faktoren sowie hinsichtlich weiterer Warnindikatoren (z. B. das Kontoführungsverhalten, Verstöße gegen Absprachen und kreditvertragliche Vereinbarungen). Als Gründe für die unterschiedliche Ausgestaltung der Ratingverfahren werden vor allem der Zuschnitt auf das institutsspezifische Klientel und die den jeweiligen Instituten zur Verfügung stehenden Daten genannt.

Quelle: Brösel, G.: Bilanzanalyse Unternehmensbeurteilung auf der Basis von HGB- und IFRS-Abschlüssen, 14. Auflage, Erich Schmidt Verlag, 2012, S. 265.

Modell-unternehmen

KLR: Einstieg

Abgrenzung

BAB

Maschinen-stunden

Prozess-kosten

Investition

FINANZIERUNG

Musterklausur

„Es wird immer konkreter ..." – Darlehensvertrag

 **AB 7.4**

 **Ausgangssituation**

Obwohl sich die Gesellschafter der Bruno Gelato GmbH auf der letzten Gesellschafterversammlung für die Aufnahme von Frau Kluge als Gesellschafterin entschieden haben, ist es bis jetzt noch nicht zu der geplanten Beteiligungsfinanzierung für die neue Produktionshalle gekommen. Frau Kluge will die Entscheidung erst im nächsten Jahr treffen. Dann will sich ihr Vater aus der Geschäftsleitung zurückziehen. Da die Gesellschafter der Bruno Gelato GmbH noch keine endgültige Entscheidung über Beteiligung oder Kauf der Deli Eis GmbH getroffen haben, muss jetzt über Alternativen nachgedacht werden.

Das wichtige Investitionsprojekt „Produktionshalle" soll jedoch weiterhin, wenn finanzierbar, durchgeführt werden. Da die Bruno Gelato GmbH hierfür keine flüssigen Mittel zur Verfügung hat, ist vorgesehen, die Produktionshalle in voller Höhe (500.000,00 EUR) durch ein langfristiges Bankdarlehen zu finanzieren. Als Nutzungsdauer werden 15 Jahre veranschlagt. Herr Flügge hat wegen der beabsichtigten Finanzierung bereits Vorverhandlungen mit der Hausbank geführt und eine grundsätzliche Finanzierungszusage erhalten.

Angebot der Hausbank	

Darlehen	über 500.000,00 EUR wahlweise als Fälligkeits-, Ratendarlehen oder Annuitätendarlehen, Disagio 2%, einmalige Bearbeitungsgebühr 0,5%, Nominalzinssatz 6,5%, Laufzeit 15 Jahre.
	
	Tilgung bei
	
	➤ **Fälligkeitsdarlehen**
	  am Ende der Laufzeit in einem Betrag
	
	➤ **Ratendarlehen**
	  in gleichbleibenden Raten zum Jahresende
	
	➤ **Annuitätendarlehen**
	  jährlich gleichbleibende Zahlung für Zins und Tilgung

Kontokorrentkredit	über 5.000,00 EUR, Sollzins 11,5%, Habenzins 0,5%, Überziehungsprovision 3%

Von Interesse bei einer Darlehensgewährung sind für Darlehensnehmer und -geber die **Konditionen**, d.h. die Bedingungen (= Tilgung, Verzinsung, Auszahlungsbetrag, Laufzeit, Bearbeitungsgebühren, Besicherung, Kündigungsrecht etc.), zu denen das Kreditgeschäft abgeschlossen werden soll.[1]

Nach langen Gesprächen mit Herrn Dr. Meyer von der Hausbank kommen Herr Bruno Lucchetta und Herr Flügge überein, zuerst für Entscheidungsklarheit zu sorgen. Herr Bruno Lucchetta hat während des Gespräches kaum etwas verstanden. Herr Flügge wird deshalb versuchen, seine Fragen zu klären.

 **Arbeitsauftrag**

Bereiten Sie das Gespräch zwischen Herrn Flügge und Herrn Lucchetta vor und klären Sie in diesem Zusammenhang die nachfolgenden Fragen!

7.4.1 Ermitteln Sie den Auszahlungsbetrag des Darlehens.

	Darlehensbetrag	.... EUR
–	Bearbeitungsgebühr	.... EUR
–	Disagio	.... EUR
=	**Auszahlungsbetrag**	.... EUR

---

1 Wesentliche Informationen hierzu finden Sie in Ihrem Schulbuch, z.B. Speth (Hrsg.): a.a.O., S. 207ff.

7.4.2 Berechnen Sie mithilfe der folgenden Tabelle jeweils Zinsen, Tilgung und Gesamtbelastung für die einzelnen Jahre bei einem

➢ **Fälligkeitsdarlehen** und

➢ **Ratendarlehen**.

Nutzen Sie die Vorlage von PB 28 und PB 29.

Jahr	Darlehen Jahresanfang	Darlehen Jahresende	Tilgung	Zinsen	Mittelabfluss
1					
2					
…					

7.4.3 Berechnen Sie die Gesamtkosten des jeweiligen Darlehens!

Fälligkeitsdarlehen

gesamte Zinsen des Darlehens . . . . EUR

+ . . . . . % Bearbeitungsgebühr . . . . EUR

+ . . . . . % Disagio . . . . EUR

= **gesamte Kosten des Darlehens** . . . . EUR

Ratendarlehen

gesamte Zinsen des Darlehens . . . . EUR

+ . . . . . % Bearbeitungsgebühr . . . . EUR

+ . . . . . % Disagio . . . . EUR

= **gesamte Kosten des Darlehens** . . . . EUR

7.4.4 Führen Sie auf, was für die jeweilige Darlehensart spricht.

7.4.5 Eine dritte Möglichkeit der Darlehenstilgung ist das sogenannte **Annuitätendarlehen**.[1] Als Annuität bezeichnet man eine gleichbleibende Jahresleistung (= Rate), die sowohl einen Tilgungs- als auch einen Zinsanteil enthält.

➢ Zuerst muss die Annuität (A) berechnet werden. Dazu dient die folgende Formel:

$$A = \text{Darlehensbetrag} \cdot \frac{(1 + i)^n \cdot i}{(1 + i)^n - 1}$$

i = Zinssatz (hier: 6,5 % p.a.)   **n** = Laufzeit in Jahren

➢ Erstellen Sie nach der Vorlage PB 30 einen Tilgungsplan für die gesamte Laufzeit.

1 Siehe z.B. Speth (Hrsg.): a.a.O., S. 210f.

7.4.6 Berechnen Sie die Gesamtkosten des Annuitätendarlehens!

	Annuitätendarlehen
gesamte Zinsen des Darlehens	. . . . EUR
+ . . . . . % Bearbeitungsgebühr	. . . . EUR
+ . . . . . % Disagio	. . . . EUR
= **gesamte Kosten des Darlehens**	. . . . EUR

7.4.7 Herr Lucchetta hatte während seiner Vorverhandlungen mit der Hausbank noch nicht endgültig über die Tilgungsart gesprochen. Er möchte nun von Herrn Flügge wissen, für welche Alternative er sich aus Sicht seines Betriebes entscheiden soll.

Begründen Sie stellvertretend für Herrn Flügge, welche Alternative für ihn am geeignetesten erscheint. Berücksichtigen Sie dabei den gesamten Finanzierungsanlass.

7.4.8 Die Hausbank von der Bruno Gelato GmbH bietet zwei Zinsvarianten an: Festzinssatz von 6,5 % p. a. über 15 Jahre; variabler Zinssatz von derzeit 5,5 % p. a. Der variable Zinssatz ist gekoppelt an das allgemeine Zinsniveau und wird von der Bank im Falle gravierender Zinsveränderungen sowohl nach oben als auch nach unten angepasst. Der Begriff „Festzinssatz" besagt, dass der Zinssatz während der festgelegten Bindungsfrist nicht geändert werden kann, wohl aber danach. Eine vorzeitige Rückzahlung ist während dieser Zeit ebenfalls nicht möglich.

Herr Lucchetta überlegt, mit welcher Zinsvereinbarung die Bruno Gelato GmbH besser bedient wäre. Helfen Sie Herrn Lucchetta bei der Entscheidung, indem Sie ihm Vor- und Nachteile der beiden Zinsvarianten aufzeigen.

7.4.9 Herr Lucchetta stellt sich vor, die Besicherung des Darlehens durch eine Sicherungsübereignung herbeizuführen. Aus der Sicht der Bank ist es erstrebenswerter, das Darlehen durch Grundpfandrechte (Grundschuld oder Hypothek) am Betriebsgrundstück der Bruno Gelato GmbH abzusichern.

Finden Sie unter Zuhilfenahme von IB 26 heraus, warum die Bank einem Grundpfandrecht den Vorzug gegenüber der Sicherungsübereignung von Maschinen geben würde!

7.4.10 Herr Lucchetta ist Geschäftsführer und neben Herrn Flügge Gesellschafter der Bruno Gelato GmbH. Die Bank – so das Ergebnis eines weiteren kurzen Gespräches mit Herrn Dr. Meyer – verlangt von Herrn Lucchetta, das Darlehen zusätzlich zu der Sicherungsübereignung mit einer selbstschuldnerischen Bürgschaft in Höhe des gewährten Kreditbetrags abzusichern.

Für wen und warum soll Herr Lucchetta, der über diese Forderung arg verwundert ist, eine Bürgschaft übernehmen? Seiner Meinung nach müsste die angebotene Sicherungsübereignung der Maschinen ausreichen. Erläutern Sie, warum die Bank zusätzlich zur Sicherungsübereignung die Absicherung in Form der Bürgschaft verlangt!

Modell-unternehmen

KLR: Einstieg

Abgrenzung

BAB

Maschinen-stunden

Prozess-kosten

Investition

FINANZIERUNG

Musterklausur

Modell-unternehmen

KLR: Einstieg

Abgrenzung

BAB

Maschinen-stunden

Prozess-kosten

Investition

FINANZIERUNG

Musterklausur

Überblick über wichtige Arten von Kreditsicherheiten

 **26**

Für das von Kreditinstituten überlassene Fremdkapital müssen regelmäßig Sicherheiten gestellt werden. Je besser die Sicherheiten sind, umso geringere Fremdkapitalkosten fallen an. Die folgende Übersicht zeigt wichtige **Kreditsicherheiten:**

Übersicht über wichtige Arten von Kreditsicherheiten[1]

Kreditsicherheit	Rechtsgrund-lagen	Beschreibung	Rechtsfolgen bei Zahlungsunfähigkeit des Kreditnehmers	Beispiel
Bürgschaft	§§ 765 ff. BGB	Durch den Bürgschaftsvertrag verpflichtet sich der Bürge gegenüber dem Kreditgeber, für die Erfüllung der Verbindlichkeiten des Betriebes einzustehen. Bürge kann eine Privatperson, eine juristische Person oder der Staat sein.	Der Bürge muss für die dem Kreditgeber gegenüber bestehenden Zahlungsver-pflichtungen aufkommen.	Das Land Niedersachsen übernimmt für die Münchhausen-Werke AG, Bodenwer-der, eine Bürgschaft für einen Kredit, den der Betrieb zum Ausbau der Produktion von Entgiftungsanlagen benötigt.
Eigentums-vorbehalt	§ 455 BGB	Der Lieferant einer Ware bleibt bis zur vollständigen Bezahlung Eigentümer. Der Schuldner (Kreditnehmer) ist solange nur Besitzer. Dies ist die häufigste Form der Kreditsicherung beim Lieferantenkredit.	Der Kreditnehmer muss die gelieferte Ware an den Lieferanten (Kreditgeber) herausgeben. Dieser kann sie an einen Dritten weiterveräußern und aus dem Erlös seine Forderungen gegenüber dem Schuldner decken.	Die Münchhausen-Werke AG kauft bei der Firma Eisen und Stahl GmbH Eisenplatten. Für die Zeit des Zahlungszieles von vier Wochen bleibt der Lieferant aufgrund des vereinbarten Eigentumsvorbehalts Eigen-tümer.
Sicherungs-übereignung	§§ 929 und 930 BGB	Übereignet wird zur Kreditsicherung eine bewegliche Sache des Kreditnehmers an den Kreditgeber. Um die im § 929 BGB geforderte Übergabe der Sache an den Kre-ditgeber zu vermeiden, wird ein Leih- oder Verwahrvertrag geschlossen.	Der Kreditgeber kann die zur Sicherheit übereignete bewegliche Sache an einen Dritten verkaufen und aus dem Erlös sei-ne Forderungen gegenüber dem Kredit-nehmer decken.	Die Münchhausen-Werke AG erhält von der Sparkasse Weserbergland einen Kre-dit für die Anschaffung eines Lkw. Den Kfz-Brief (Eigentumsnachweis) hinterlegt sie bei der Sparkasse Weserbergland.
Verpfändung beweglicher Sachen und Rechte	§§ 1204 ff. und 1273 ff. BGB	Der Kreditnehmer verpfändet an den Kreditgeber eine bewegliche Sache oder ein Recht (z. B. eine Forderung). Gemäß § 1280 BGB muss die Verpfändung einer Forderung dem Drittschuldner (= Schuld-ner des Kreditnehmers) angezeigt werden.	Durch das Pfandrecht hat der Kreditgeber die Möglichkeit, die bewegliche Sache zu veräußern oder z. B. die abgetretene For-derung zu seinen Gunsten einzutreiben. Aus dem Erlös kann er seine Forderung befriedigen.	Die Münchhausen-Werke AG verpfän-det an die Sparkasse Weserbergland ein ihr gehörendes wertvolles Gemälde, das im Zimmer des Vorstandsvorsitzenden hängt.
Sicherungs-abtretung (Sicherungs-zession)	§§ 398 bis 412 BGB	Der Kreditnehmer tritt Forderungen und andere Rechte, wie Geschäfts- bzw. Ge-sellschaftsanteile, an den Kreditgeber ab.	Die Abtretung tritt bei Forderungen ein Gläubigerwechsel ein. Der Kreditge-ber wird Gläubiger gegenüber dem Dritt-schuldner. Er kann seine Kreditforderung bei Bedarf gegen den Erlös aus der abge-tretenen Forderung aufrechnen.	Die Münchhausen-Werke AG tritt ihre Mietforderungen aus dem ihr in der Brü-ningstraße gehörenden Wohnhaus an die Sparkasse Weserbergland ab.
Grundschuld, Hypothek	§§ 1491 ff. BGB	Verpfändet wird ein Grundstück des Kre-ditnehmers. Dazu ist die Eintragung der Grundschuld bzw. Hypothek ins Grund-buch erforderlich.	Der Kreditgeber kann das verpfändete Grundstück verkaufen und aus dem Erlös seine Kreditforderung befriedigen.	Die Münchhausen-Werke AG lässt für ihr Betriebsgrundstück zugunsten der Spar-kasse Weserbergland eine Grundschuld bzw. Hypothek eintragen.

[1] Quelle: H.G. Golas, M. Stern, P. Voß: Betriebswirtschaftslehre für die Aus- und Weiterbildung in Schule und Beruf, 8. Auflage, Merkur Verlag, Rinteln 2003, S. 505 f.

Fälligkeitsdarlehen

Tilgungsplan Fälligkeitsdarlehen

Jahr	Darlehen Jahresanfang	Darlehen Jahresende	Tilgung	Zinsen	Mittelabfluss
1					
2					
3					
4					
5					
6					
7					
8					
9					
10					
11					
12					
13					
14					
15					
Summe					

Modell-unternehmen

KLR: Einstieg

Abgrenzung

BAB

Maschinen-stunden

Prozess-kosten

Investition

FINANZIERUNG

Musterklausur

Ratendarlehen

Tilgungsplan Ratendarlehen (Abzahlungsdarlehen)

Jahr	Darlehen Jahresanfang	Darlehen Jahresende	Tilgung	Zinsen	Mittelabfluss
1					
2					
3					
4					
5					
6					
7					
8					
9					
10					
11					
12					
13					
14					
15					
Summe					

Annuitätendarlehen

PB 30

Tilgungsplan Annuitätendarlehen

Jahr	Darlehen Jahresanfang	Darlehen Jahresende	Tilgung	Zinsen	Mittelabfluss
1					
2					
3					
4					
5					
6					
7					
8					
9					
10					
11					
12					
13					
14					
15					
Summe					

18   Korte - ISBN 978-3-8120-1028-3

Modell-unternehmen

KLR: Einstieg

Abgrenzung

BAB

Maschinen-stunden

Prozess-kosten

Investition

FINANZIERUNG

Musterklausur

Modell-
unternehmen

KLR:
Einstieg

Abgrenzung

BAB

Maschinen-
stunden

Prozess-
kosten

Investition

FINANZIERUNG

Musterklausur

Modell-
unternehmen

KLR:
Einstieg

Abgrenzung

BAB

Maschinen-
stunden

Prozess-
kosten

Investition

FINANZIERUNG

Musterklausur

„Jetzt wird es eng!" – Lieferantenkredit

AB 7.5

Ausgangssituation

Eine große Discountkette hat sich aufgrund des hohen Qualitätsstandards und des guten Preis-Leistungs-Verhältnisses unserer Produkte entschlossen, unsere Eisvariationen mit in ihr Angebot aufzunehmen. Die Discountkette plant vorerst eine einmalige Einführungsaktion. Aufgrund der in der jüngeren Vergangenheit durchgeführten Investitionen ist die Bruno Gelato GmbH in der Lage, diesen großen Auftrag fristgerecht auszuführen.

Ein Problem ergibt sich lediglich mit der **kurzfristigen Finanzierung** der für die Produktion benötigten flüssigen Mittel in Höhe von ca. 150.000,00 EUR, da sich auf dem Kontokorrentkonto der Bruno Gelato GmbH lediglich 18.500,00 EUR befinden.[1]

Arbeitsauftrag

7.5.1 Ihre Gruppe besteht aus Mitarbeiterinnen und Mitarbeitern der Bruno Gelato GmbH.

Sie erhalten von dem Geschäftsführer Herrn Lucchetta den Auftrag, sich über die folgenden kurzfristigen Finanzierungsformen zu informieren:

➢ Kontokorrentkredit

➢ Lieferantenkredit

➢ Kundenanzahlung[2]

7.5.2 Arbeiten Sie für jede der drei kurzfristigen Finanzierungsformen wichtige Merkmale sowie die Vor- und die Nachteile heraus und halten Sie Ihre Ergebnisse in der Tabelle (PB 31) fest.

7.5.3 Erstellen Sie eine aussagekräftige Präsentation Ihrer Ergebnisse für Herrn Lucchetta, in der Sie die Finanzierungsformen kurz vorstellen und Ihren Lösungsvorschlag begründet darlegen.

7.5.4 Um den Großauftrag der Discountkette annehmen zu können, vergleicht Frau Bullermann, die für die Auftragsbearbeitung zuständig ist, folgende Angebote über Eisschalen von drei Lieferanten:

1. Piper Group, Italien:	Rechnungsbetrag: 25.000,00 EUR; 20 Tage mit 2 % Skonto, 80 Tage ohne Abzug (netto Kasse)
2. Spies Kunststoffe, Melle:	Rechnungsbetrag: 26.000,00 EUR; 10 Tage mit 3 % Skonto, 45 Tage ohne Abzug (netto Kasse)
3. SFA Packaging, Niederlande:	Rechnungsbetrag: 23.000,00 EUR; 30 Tage mit 1 % Skonto, 90 Tage ohne Abzug (netto Kasse).

Information: Zum Ausgleich der Rechnungen mit Skontoabzug ist die Überziehung des Kontokorrentkontos nötig. Unsere Hausbank belastet uns für die Überziehung unseres Kontos mit 11,5 % p. a.

7.5.4.1 Ermitteln Sie die Skontoabzüge und die Höhe der ggf. zu überweisenden Beträge.

7.5.4.2 Für wie viele Tage müsste der Überziehungskredit in Anspruch genommen werden, wenn das Unternehmen im Moment nicht liquide ist?

7.5.4.3 Ermitteln Sie die Jahresprozentsätze der Skontoabzüge.

7.5.4.4 Wie hoch sind die effektiven Kreditkosten und der Finanzierungserfolg?

---

1 Vgl.: C. Beineke, Arbeitsergebnisse, Arbeitskreis Fachgymnasium BRC 2003.

2 Beziehen Sie Ihre Informationen z. B. aus dem Lehrbuch (z. B. Speth [Hrsg.]: a. a. O., S. 254 ff.) oder aus dem Internet. Aktuelle Konditionen erhalten Sie bei den Kreditinstituten vor Ort bzw. aus dem Internet.

Kontokorrentkredit, Lieferantenkredit und Kundenanzahlung im Vergleich

PB 31

	Kontokorrentkredit	Lieferantenkredit	Kundenanzahlung
Merkmale			
Mögliche Laufzeit			
Vorteile			
Nachteile			

Modell-unternehmen

KLR: Einstieg

Abgrenzung

BAB

Maschinen-stunden

Prozess-kosten

Investition

FINANZIERUNG

Musterklausur

Modell-unternehmen

KLR: Einstieg

Abgrenzung

BAB

Maschinen-stunden

Prozess-kosten

Investition

FINANZIERUNG

Musterklausur

Kauf oder Leasing?

AB 7.6

Ausgangssituation

Die Einführungsaktion der Discountkette war ein voller Erfolg. Dies hat zur Folge, dass der Discounter nun dauerhaft eine große Menge unserer Eis-variationen beziehen möchte. Damit würde die Bruno Gelato GmbH aller-dings an ihre Kapazitätsgrenze stoßen. Zwar bietet die neue Produktions-halle genügend Raum, allerdings käme es aufgrund des relativ kleinen Maschinenparks zu einem Produktionsengpass.

Nachdem die Finanzierung für die neue Produktionshalle durch die Haus-bank übernommen wurde, stellt sich jetzt die Frage, wie die Finanzierung des Maschinenparks erfolgen soll. Ohne neue Maschinen lässt sich die Kapazitätserweiterung nicht durchführen und das Angebot des Discounters nicht umsetzen. Von mehreren Eismaschinenherstel-lern hat sich Herr Flügge bereits Angebote schicken lassen. Ein Hersteller bietet neben dem Kauf auch die Möglichkeit des Leasings.

Die Anschaffungskosten für die benötigte Maschine betragen 100.000,00 EUR. Die betriebsnotwenige Nutzungsdauer wird mit 6 Jahren festgelegt und es wird eine lineare Abschreibung gewählt. Das not-wendige Kapital muss entweder durch ein Darlehen der Bank oder durch die Inanspruchnahme des Leasingangebotes beschafft werden.

Wegen der komplizierten Konditionen ist Herr Lucchetta zunächst etwas irritiert. Herr Flügge kann ihn beruhigen: „Es müssten lediglich beide Finanzierungsarten gegenübergestellt werden."

Darlehen:	Auszahlung 100.000,00 EUR, 12 % Zinsen p. a., jährliche Rate von 25.000,00 EUR Zinsen und Tilgung sind am Ende des Jahres zu leisten (Abzahlungsdarlehen).
Leasing:	Grundmietzeit 3 Jahre, Mietzins 48 % p. a. des Kaufpreises, monatliche Zahlung; nach Ablauf der Grundmietzeit bei Vertragsverlängerung 6 % p. a., monatliche Zahlung (Finance-Leasing mit Mietoption).

Arbeitsauftrag

7.6.1 Definieren Sie unter Zuhilfenahme Ihres Schulbuchs[1] den Begriff „Leasing".

7.6.2 Unterscheiden Sie Leasingverträge

➤ nach der Laufzeit und

➤ der Verwertungsmöglichkeit des Leasinggegenstandes nach Ablauf der Laufzeit.

7.6.3 Erstellen Sie stellvertretend für Herrn Flügge eine tabellarische Gegenüberstellung, aus der ersichtlich wird, ob ein Kreditkauf oder das Leasing für das Unternehmen günstiger ist. Nutzen Sie hierzu PB 32.

---

1 Z.B. Speth (Hrsg.): a. a. O., S. 216 ff.

Leasing und Kreditfinanzierung im Vergleich

 PB 32

Vergleich: Leasing und Kreditfinanzierung

Anschaffungskosten 100.000,00 EUR
Nutzungsdauer 6 Jahre

Leasingangebot:

Grundmietzeit 3 Jahre
Mietverlängerungsoption ☐ ja ☐ nein
Leasingrate p. a. 48.000,00 EUR
Leasingrate in % . . . . . %
Leasingrate nach Grundmietzeit p.a. 6.000,00 EUR
Leasingrate nach Grundmietzeit in % . . . . . %

Kreditangebot:

Darlehenshöhe 100.000,00 EUR
Tilgungsart Ratendarlehen
Auszahlung 100 %
Disagio 0,00 EUR
Laufzeit 4 Jahre
Zinssatz 12,00 %

Kredit:

Jahr	Restdarlehen	Tilgung	Zinsen	Abschreib.	Disagio	Mittelabflüsse	Aufwendungen
1							
2							
3							
4							
5							
6						Summe	

Leasing:

Jahr	Mittelabflüsse	Aufwendungen
1		
2		
3		
4		
5		
6		
Summe		

Modell-unternehmen

KLR: Einstieg

Abgrenzung

BAB

Maschinen-stunden

Prozess-kosten

Investition

FINANZIERUNG

Musterklausur

Finanzierungsprozesse: Zusammenfassung mit Kartenmethoden

PB 33

Arbeitsauftrag

1. Sortieraufgabe: Begriffskarten werden individuell nach „weiß ich" und „weiß ich nicht" geordnet.

2. Strukturlegen: Begriffskarten werden in eine sinnlogische Struktur gelegt.[1]

3. Erklären Sie kurz mit eigenen Worten jeden Begriff.

Innenfinanzierung	
Außenfinanzierung	
Fremdfinanzierung	
Eigenfinanzierung	
Selbstfinanzierung	
Rückstellungen	
Kapitalrücklagen	
Gewinnrücklagen	
Kapitalausstattung	

---

1 **Hinweis:** Jede Struktur ist individuell, fachliche Fehler aufgrund falscher Verknüpfung können erkannt und korrigiert werden.

Vermögensstruktur	
Zahlungsfähigkeit	
Anlagenfinanzierung	
Rentabilität	
Wirtschaftlichkeit	
Fälligkeitsdarlehen	
Ratendarlehen	
Annuitätendarlehen	
Kontokorrentkredit	
Nominalzinssatz	
Leasing	
Effektivzinsen	

Modell-unternehmen

KLR: Einstieg

Abgrenzung

BAB

Maschinen-stunden

Prozess-kosten

Investition

FINANZIERUNG

Musterklausur

A. Problem- und Aufgabenstellung

(1) Problemstellung

Die Lucke AG ist ein international ausgerichteter Firmenverbund und gehört zu den führenden Unternehmen der deutschen Modebranche. Die Gruppe ist weltweit in 30 Ländern präsent, beliefert rund 17.000 Facheinzelgeschäfte im In- und Ausland und ist heute einer der wenigen europäischen Modehersteller mit Gesamtkonzept. Unter einem Dach kreiert die Lucke AG modische Bekleidung für Damen, Herren und Kinder mit Schwerpunkt im mittleren Preissegment.

Die divisionale Organisationsstruktur umfasst die Produktlinien:

Lucke woman	Lucke man	Venice Beach	Kids Collection

Jede Division ist als Profit-Center ausgerichtet und verantwortet die Bereiche Produktmanagement, Beschaffung und Vertrieb. Darüber hinaus sind innerhalb der Lucke AG Markt- und Supportfunktionen getrennt worden. Die Supportaufgaben sind in Servicebereiche zusammengefasst. Diese Servicebereiche bündeln zentrale Dienstleistungen, die von den einzelnen Divisionen in Anspruch genommen werden können. Dazu gehören Technik, Logistik, IT, Finanzen/Rewe, Personalwesen und Factory Outlets (s. Anlage 1).

Im Geschäftsbericht des abgelaufenen Geschäftsjahres 20xx wird die Unternehmenssituation wie folgt beschrieben:

> Für den deutschen Einzelhandel waren die letzten Jahre schlechter als die Jahre davor. Die anhaltenden wirtschaftlichen Unsicherheiten belasten weiterhin das Konsumklima und die Erwartungen des Handels bleiben weiterhin eingetrübt. Das schwache Konsumklima belastete auch im Geschäftsjahr 20xx die Entwicklung der operativen Einheiten. Insbesondere der Bereich der Herrenoberbekleidung hatte schwierige Orderrunden in den einzelnen Saisons zu bestehen, während sich die Bereiche Damen- und Kinderoberbekleidung besser an die Situation am Markt anpassen konnten. Im Damen-Oberbekleidungs-Bereich (DOB) erzielte die Kollektion Lucke woman durch Nachaufträge und Lagerumsätze aus der Saison Herbst/Winter 20xx zusätzliche Umsätze und konnte so das Umsatzvolumen stabilisieren. Im Herren-Oberbekleidungs-Bereich (HOB) wurden die gesteckten Erwartungen nicht erfüllt. Die Kindersparte erzielte mit Kids Collection ein annähernd gleiches Ergebnis.
>
> Zu den wenigen Lichtblicken der deutschen Bekleidungsindustrie gehörte im Jahr 20xx das Exportgeschäft. Vor diesem Hintergrund ist es dem Lucke-Konzern gelungen, die Internationalisierung weiter voranzutreiben. Fortschritte konnten erneut auf den Märkten in Osteuropa gemacht werden. Dagegen entwickelte sich prozentual gesehen das Geschäft in Nahost rückläufig. Für das Geschäft in Fernost wird insbesondere der Markt in China weiterhin als Markt der Zukunft gesehen. Mit einer Exportquote von 65,3 % erschloss sich der Lucke-DOB im Geschäftsjahr 20xx zusätzliches Marktpotenzial, vor allem in Russland und Frankreich. Beide Länder gehörten schon in der Vergangenheit zu den Wachstumsträgern im Export und bieten für die Lucke AG auch künftig attraktive Perspektiven. Erfreulich entwickelten sich die DOB-Exporte auch nach Belgien/Luxemburg sowie nach Österreich. In der HOB-Sparte verbesserte sich die Exportquote ebenfalls. Auch hier zählte der Markt in Russland zu den Wachstumsträgern. Der Kinder-Oberbekleidungs-Bereich (KOB) litt besonders unter der Konsumschwäche auf fast allen Märkten in West- und Südeuropa.

Der Vorstand der Lucke AG geht davon aus, dass auch das kommende Geschäftsjahr 20xx von einer weiterhin schwachen Konjunktur gezeichnet sein wird. Im Rahmen der eingeleiteten Maßnahmen des letzten Geschäftsjahres hat die Gesellschaft intensive Anstrengungen unternommen, um auch in einem schwierigen wirtschaftlichen Umfeld die Marktposition zu festigen und langfristig auszubauen. Dazu zählte auch die Reduzierung des Personalbestandes um 175 Mitarbeiter/Mitarbeiterinnen. Für das kommende Geschäftsjahr ist im Lucke-Konzern aufgrund noch laufender Optimierungen von Prozessabläufen und weiterer Strukturanpassungen mit einer weiteren rückläufigen Personalentwicklung zu rechnen. Die Gesellschaft hat durch die eingeleiteten Maßnahmen im vergangenen Geschäftsjahr alle Anstrengungen unternommen, um ihre operativen Einheiten in einem schwierigen Marktumfeld bestmöglich aufzustellen. Dabei wurde größter Wert darauf gelegt, dass permanent und über die Restrukturierungsphase hinaus eine Verbesserung der Qualitäts- und Kostensituation entlang der gesamten Wertschöpfungskette realisiert wird. Der Vorstand geht davon aus, dass die eingeleiteten und bereits umgesetzten Restrukturierungsmaßnahmen im nächsten Geschäftsjahr 20xx weiter greifen werden.

Vor diesem Hintergrund rechnet die Gesellschaft mit einem insgesamt positiven operativen Ergebnis, wobei noch nicht alle Divisionen einen positiven Beitrag leisten und ihren Break-even-Punkt erst in der zweiten Hälfte des Geschäftsjahres 20xx überschreiten werden.

(2) Aufgabenstellungen

Aufgabe 1

Am 10.01.20xx findet eine Vorstandssitzung mit dem Center-Manager Fritz Walter der Division Lucke woman und dem Betriebsrat statt. Die Sitzung beinhaltet folgende Tagesordnungspunkte:

Top 1: Aktuelle Situation des Gesamtunternehmens

Top 2: Kostensituation im Vertrieb

Top 3: Investition und Finanzierung der Webmaschine für den chinesischen Markt

1.1 Erarbeiten Sie aus dem Geschäftsbericht und den weiteren Daten die Unternehmenssituation der Lucke AG und stellen Sie diese mithilfe einer Mindmap dar. (12 Pkt.)

1.2 Der Vorstand der Lucke AG setzt zur Stärkung der Marktposition weiterhin auf das Exportgeschäft und möchte in den chinesischen Markt einsteigen. Der Einstieg in diesen Markt ist mit der Auflage verbunden, die für den chinesischen Markt bestimmten Kleider in China zu fertigen. Die Lucke AG hat bereits einen Partner für den chinesischen Markt gefunden, der die Produktion übernimmt. Dafür muss die Lucke AG in eine Webmaschine investieren, die den qualitativ hohen Anforderungen der Lucke-Kollektionen genügt.

1.2.1 Investitionsentscheidungen sind grundsätzlich mit Chancen und Risiken behaftet. Beschreiben Sie mögliche Chancen und Risiken der in der Ausgangssituation erwähnten Investitionsanregung. Gehen Sie dabei auf mögliche ökonomische, soziale und ökologische Zielsetzungen der Lucke AG ein. (4 Pkt.)

1.2.2 Für die Produktionserweiterung liegen Ihnen zwei Investitionsalternativen über Webmaschinen vor. Sie wurden als Leiter/-in der kaufmännischen Abteilung von der Geschäftsleitung beauftragt, quantitative Daten zur Bewertung der Investitionsalternativen zu analysieren.

	Angebot 1	Angebot 2
Anschaffungskosten*	800.000,00 EUR	600.000,00 EUR
Restwert am Ende der Nutzungsdauer	10.000,00 EUR	8.000,00 EUR
Nutzungsdauer	8 Jahre	8 Jahre
Maximale Kapazität	10.000 Stück	8.000 Stück
Geplanter Absatz	7.000 Stück	7.000 Stück
Variable Stückkosten	43,00 EUR	47,00 EUR
Kalkulatorischer Zinssatz	5 %	5 %
Weitere Fixkosten pro Jahr	40.000,00 EUR	45.000,00 EUR
Marktpreis der Kleider	79,00 EUR	79,00 EUR

* Anschaffungskosten und Wiederbeschaffungskosten sind hier identisch.

1.2.2.1 Der Vorstand beauftragt den Leiter des Servicebereiches Finanzen/Rewe, Herrn B. Meyer, mithilfe der

1.2.2.1.1 Kostenvergleichsrechnung

1.2.2.1.2 Gewinnvergleichsrechnung

1.2.2.1.3 Rentabilitätsrechnung

1.2.2.1.4 Amortisationsrechnung

die beiden Angebote zu vergleichen. (13 Pkt.)

19   Korte - ISBN 978-3-8120-1028-3

Modell-unternehmen

KLR: Einstieg

Abgrenzung

BAB

Maschinen-stunden

Prozess-kosten

Investition

Finanzierung

MUSTER-KLAUSUR

1.2.2.2 Ermitteln Sie die kritische Auslastung. Erläutern und skizzieren Sie einen möglichen Verlauf der Kostensituation. Stellen Sie dem ermittelten Ergebnis die Gewinnschwellenmenge gegenüber und erläutern Sie die wesentlichen Unterschiede. (7 Pkt.)

1.2.2.3 Zusätzlich soll Herr Meyer auf der Vorstandssitzung die ermittelten Ergebnisse präsentieren und dabei eine begründete Entscheidung für ein Angebot abgeben. Erstellen Sie ein Handout. (7 Pkt.)

1.2.2.4 Bei der nächsten Sitzung der Geschäftsleitung soll eine Investitionsentscheidung getroffen werden. Bereiten Sie eine Tischvorlage über die Vorzüge und Nachteile der von Ihnen zur Anwendung gebrachten statischen Verfahren der Investitionsrechnung vor. (3 Pkt.)

1.2.3 Der Vorstand der Lucke AG favorisiert das Angebot 2. Die Finanzierung soll zu 90 % über die Hausbank erfolgen. Die Firmenkundenberaterin der Allfinanzbank AG, Frau Müller, unterbreitet Herrn Meyer drei Angebote:

Angebot	1	2	3
Laufzeit	8 Jahre	8 Jahre	8 Jahre
Zinssatz	5 %	5,25 %	5,35 %
Tilgung	Jährlich nachträglich	Am Ende der Laufzeit in einer Summe	67.500,00 EUR jährlich
Sonstiges	Feste Annuität, Disagio 2 %		

1.2.3.1 Welche Unterlagen sollte Herr Meyer der Bank einreichen, bevor diese zur Kreditgewährung bereit ist? (4 Angaben) (2 Pkt.)

1.2.3.2 Zur Beurteilung der drei Angebote muss Herr Meyer die Vor- und Nachteile der drei Darlehensformen in übersichtlicher Form zusammenstellen. Bereiten Sie diese Zusammenstellung vor. (6 Pkt.)

1.2.3.3 Ermitteln Sie für Herrn Meyer in einer übersichtlichen Darstellung das günstigste Darlehensangebot. (4 Pkt.)

Hinweis: Die Formel zur Berechnung des Annuitätenfaktors lautet: $\dfrac{i\,(1 + i)^n}{(1 + i)^n - 1}$, wobei gilt: $i = p/100$, n = Laufzeit in Jahren.

Aufgabe 2

Die Lucke AG benötigt zudem eine neue Stanzmaschine. Sie hat 2 Angebote eingeholt. Beiden Angeboten liegt ein Preis von 140.000,00 EUR zugrunde, Nutzungsdauer 4 Jahre, Kalkulationszinssatz p = 12 %. Bei Angebot 1 ist mit einem Restwert bei Wiederverkauf nach 4 Jahren in Höhe von 15.000,00 EUR zu kalkulieren. Die kalkulierten Überschüsse sind der Tabelle (Anlage 2) zu entnehmen. Welche Investition ist unter Zugrundelegung der Kapitalwertmethode die günstigere Alternative? Treffen Sie eine begründete Entscheidung. (6 Pkt.)

Aufgabe 3

Die Lucke AG überlegt, da auch der chinesische Markt Wachstumspotenzial besitzt, ein neues Zweigwerk in China zu errichten. Hierfür soll der Kapitalbedarf für das Anlage- und Umlaufvermögen ermittelt werden. Folgende Daten stehen Ihnen als Leiter/-in der kaufmännischen Abteilung zu Verfügung:

Erstellung eines Produktions- und Bürogebäudes	1.700.000,00 EUR
Kauf der gesamten maschinellen Ausstattung	850.000,00 EUR
Kauf von Büro- und Geschäftsausstattung	70.000,00 EUR
Ausgaben für Marktforschung	25.000,00 EUR
Ausgaben für die Produkteinführung	10.000,00 EUR
Täglicher Materialverbrauch	7.500,00 EUR
Tägliche Lohnzahlungen	1.500,00 EUR
Kalkulierte Materialgemeinkosten in % des Materialverbrauchs (voll ausgabewirksam)	40 %
Kalkulierte Fertigungsgemeinkosten in % der Fertigungslöhne (voll ausgabewirksam)	120 %
Kalkulierte Verwaltungs- und Vertriebsgemeinkosten in % der Herstellkosten (voll ausgabewirksam)	30 %
Durchschnittliche Lagerdauer für Rohstoffe	10 Tage
Durchschnittliche Produktionsdauer	8 Tage
Durchschnittliche Lagerdauer für Fertigerzeugnisse	12 Tage
Durchschnittliche Lieferziele	21 Tage
Durchschnittliche Kundenziele	30 Tage

3.1 Ermitteln Sie den Kapitalbedarf des Anlagevermögens. (2 Pkt.)

3.2 Berechnen Sie den Kapitalbedarf des Umlaufvermögens. (6 Pkt.)

3.3 Wie hoch muss ein mit der Hausbank auszuhandelnder kurzfristiger Kredit sein, um die Finanzierung sicherzustellen? Unterstellt wird dabei, dass eigene Mittel in Höhe von 2.500.000,00 EUR zur Verfügung stehen. (1 Pkt.)

Modell-
unternehmen

KLR:
Einstieg

Abgrenzung

BAB

Maschinen-
stunden

Prozess-
kosten

Investition

Finanzierung

MUSTER-
KLAUSUR

Modell-unternehmen

KLR: Einstieg

Abgrenzung

BAB

Maschinen-stunden

Prozess-kosten

Investition

Finanzierung

MUSTER-KLAUSUR

Anlage 1: Organisationsstruktur der Lucke AG

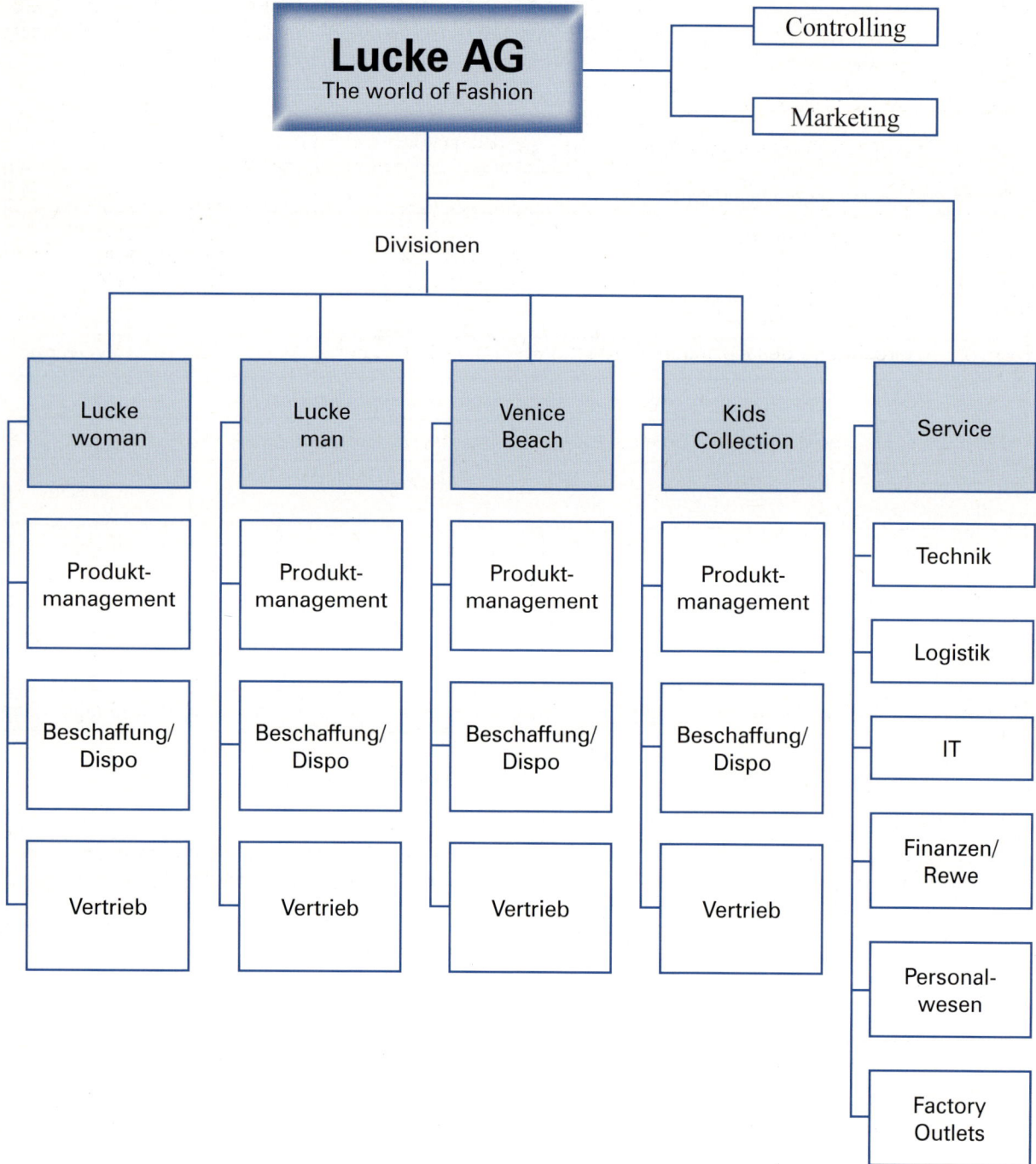

Anlage 2: Informationen zu Aufgabe 2

	Angebot 1	Angebot 2
Anschaffungskosten	140.000,00 EUR	140.000,00 EUR
Nutzungsdauer	4 Jahre	4 Jahre
Restwert bei Wiederverkauf nach 4 Jahren	15.000,00 EUR	–
Überschüsse 1. Jahr 2. Jahr 3. Jahr 4. Jahr	 48.000,00 EUR 46.000,00 EUR 45.000,00 EUR 43.000,00 EUR	 62.000,00 EUR 60.000,00 EUR 59.000,00 EUR 57.000,00 EUR

Formel zur Berechnung des Abzinsungsfaktors: $\dfrac{1}{q^n}$ mit $q = \left(1 + \dfrac{p}{100}\right)$

Bei den Abzinsungsfaktoren ist mit 6 Nachkommastellen zu rechnen. Bar- und Kapitalwerte sind ohne Nachkommastellen auszuweisen.

Modell-unternehmen

KLR: Einstieg

Abgrenzung

BAB

Maschinen-stunden

Prozess-kosten

Investition

Finanzierung

MUSTER-KLAUSUR

B. Musterlösungen

Lösung zu Aufgabe 1:

1.1

1.2.1 Chancen:

➢ Erweiterungsinvestition in anderen Bereich zur Risikostreuung

➢ Erweiterung der Produktpalette

➢ Sicherung bestehender Arbeitsplätze

➢ zusätzliche Arbeitsplätze

➢ Ausbau des Kundenstamms

➢ Bindung eines Großkunden

➢ Erhöhung des Bekanntheitsgrades

➢ Erhöhung des Umsatzes, Gewinns

➢ u.a.

Risiken:

➢ Fehlinvestition durch schlechte Planung

➢ Investitionsanregung ist nicht durchdacht

➢ Absatzdaten falsch prognostiziert

➢ gesamtwirtschaftliche Situation vernachlässigt

➢ falsche Entscheidungskriterien/Gewichtung gewählt

➢ bessere Alternativen vernachlässigt

➢ u.a.

1.2.2.1.1 bis 1.2.2.1.4

	Angebot 1	Angebot 2
Ausgangsdaten		
Anschaffungskosten	800.000,00 EUR	600.000,00 EUR
Restwert am Ende der Nutzungsdauer	10.000,00 EUR	8.000,00 EUR
Nutzungsdauer (ND) in Jahren	8	8
kalkulatorischer Zinssatz	5 %	5 %
max. Kapazität/Jahr	10.000 Stück	8.000 Stück
Betriebskosten		
– fix	40.000,00 EUR	45.000,00 EUR
– variable	43,00 EUR/Stück	47,00 EUR/Stück
Erlös pro Stück	79,00 EUR	79,00 EUR
1.2.2.1.1 Kostenvergleichsrechnung	**Webautomat 1**	**Webautomat 2**
Ergebnisdaten:		
Abschreibungen (AK – RW / 8)	98.750,00 EUR	74.000,00 EUR
Zinsen (AK + RW · 5 % / 2)	20.250,00 EUR	15.200,00 EUR
sonstige fixe Kosten (ohne Abschreibungen)	40.000,00 EUR	45.000,00 EUR
fixe Kosten gesamt	**159.000,00 EUR**	**134.200,00 EUR**
variable Kosten bei max. K. gesamt	430.000,00 EUR	376.000,00 EUR
Gewinn	**201.000,00 EUR**	**121.800,00 EUR**
1.2.2.2 Kritische Auslastung: Kostenvergleich		
kv	43,00 EUR	47,00 EUR
$K_{f1} + k_{v1} \cdot x = K_{f2} + k_{v2} \cdot x$	$159.000 + 43x = 134.200 + 47x$ **x = 6.200 Stück**	
1.2.2.1.2 Gewinnvergleichsrechnung		
$P_1 x = K_{f1} + k_{v1}x / P_2 x = K_{f2} + k_{v2}x$	$79x = 159.000 + 43x$ **x = 4.416,67 Stück**	$79x = 134.200 + 47x$ **x = 4.193,75 Stück**
1.2.2.1.3 Rentabilitätsrechnung		
Gewinn	**201.000,00 EUR**	**121.800,00 EUR**
durchschnittlich gebundenes Kapital	405.000,00 EUR	304.000,00 EUR
Rentabilitäten	**EK-R.: 49,6 %**	**EK-R.: 40,07 %**
1.2.2.1.4 Amortisationsrechnung		
AW – RW / durchschn. Gewinn + Abschr.	$\dfrac{790.000}{299.750}$ **2,64**	$\dfrac{592.000}{195.800}$ **3,02**

Modell-
unternehmen

KLR:
Einstieg

Abgrenzung

BAB

Maschinen-
stunden

Prozess-
kosten

Investition

Finanzierung

MUSTER-
KLAUSUR

1.2.2.2 Die kritische Ausbringungsmenge gibt die Menge an, bei der die Gesamtkosten für beide Alternativen gleich hoch sind.

Kritische Anmerkungen:

➤ Die Kostenvergleichsrechnung lässt die Erlöse außer Betracht.

➤ Die Kostenvergleichsrechnung beurteilt nur die Höhe der durch die Investition verursachten Kosten.

➤ Es lassen sich nur sachlich ähnliche bzw. identische Investitionsalternativen vergleichen.

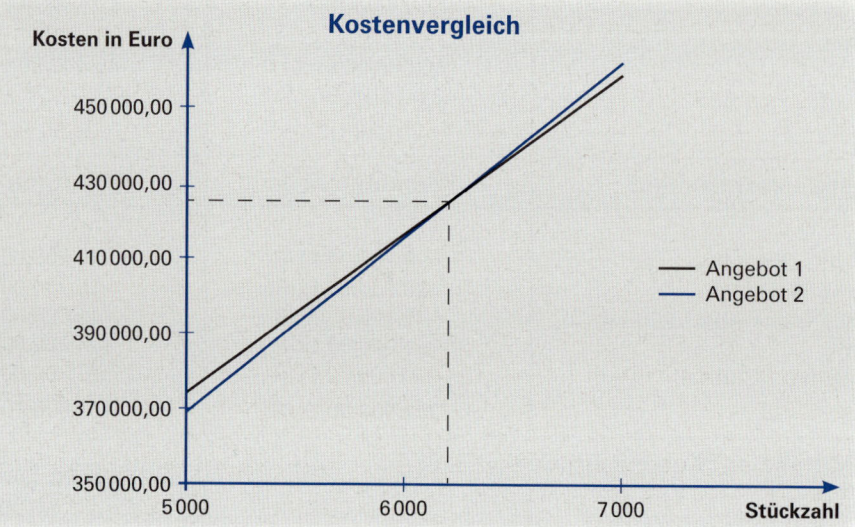

Bei der **Gewinnvergleichsrechnung** werden nicht nur die Kosten und die Ausbringungsmenge berücksichtigt, sondern auch die Erlöse mit in die Rechnung einbezogen.

Kritische Amerkungen:

➤ Es wird unterstellt, dass sich die Gesamtproduktion zum geplanten Verkaufspreis absetzen lässt.

➤ Die Gewinnvergleichsrechnung gibt nur die absolute Höhe des durch die Investition erzielten Gewinns an.

➤ Durch die Gewinnvergleichsrechnung ist die Berücksichtigung von Preisschwankungen in Abhängigkeit von der abgesetzten Menge möglich.[1]

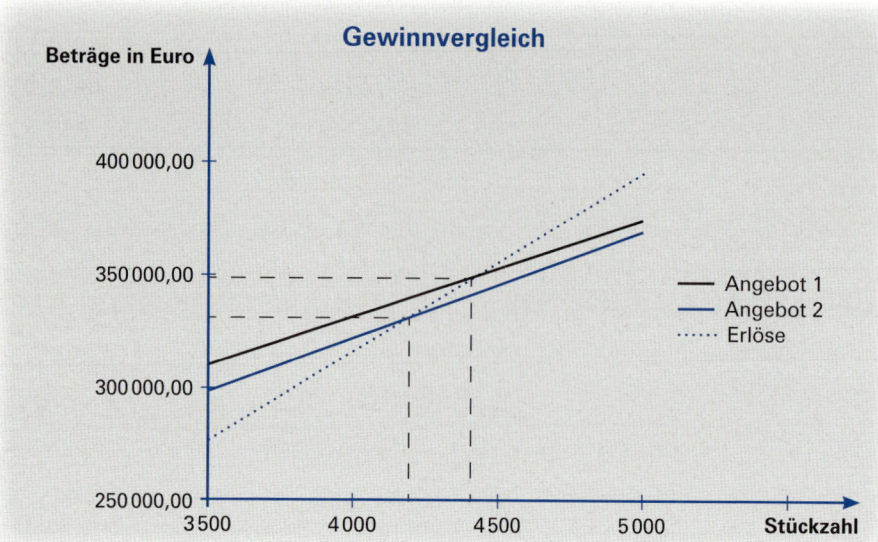

---

1 Vgl. Speth, a.a.O., S. 117 ff.

Modell-
unternehmen

KLR:
Einstieg

Abgrenzung

BAB

Maschinen-
stunden

Prozess-
kosten

Investition

Finanzierung

MUSTER-
KLAUSUR

1.2.2.3

Lucke AG
The world of Fashion

Anlass: Investitionsentscheidung der Webmaschine für den chinesischen Markt

➤ **Gesamtkosten:** Angebot 2 ist um 78.800,00 EUR günstiger.

➤ **Kritische Auslastung:** Bis zu einer Stückzahl von 6.200 Stück ist es sinnvoll, Angebot 2 zu nutzen (Begründung: < Kf, > kv), bei einer Ausbringung von 6.200 sind die Kosten gleich und bei einer Stückzahl von 6.201 und mehr lohnt sich der Einsatz des Fertigungsautomaten 1 (Begründung: > Kf, < kv).

➤ **Gewinnschwellenmenge:** Angebot 2 erreicht bereits bei einer Ausbringungsmenge von 4.194 Stück die Gewinnschwelle und ist somit vorzuziehen, allerdings liegen beide Gewinnschwellenmengen deutlich unter der geschätzten Kapazitätsauslastung in Höhe von 7.000 Stück pro Jahr.

➤ **Rentabilität:** Um 9,53 Prozentpunkte höhere Verzinsung des eingesetzten Kapitals bei dem Angebot 1, aber beide Alternativen übertreffen sehr deutlich die geforderte Mindestverzinsung in Höhe von mindestens 10 %.

➤ **Insgesamt** ist das Angebot 1 zu bevorzugen, auch vor dem Hintergrund, dass die Maximalkapazität um 3.000 Stück über der geplanten Kapazität liegt und somit noch freie Kapazitäten bei einer weiter steigenden Nachfrage vorhanden sind.

1.2.2.4 Vor- und Nachteile der statischen Investitionsrechnung

Vorteile:

➤ Einfache Anwendbarkeit

➤ schnelle Durchführung

➤ Anwendbarkeit auch bei unsicherem Datenmaterial möglich

➤ u. a.

Nachteile:

➤ Zeitfaktor bleibt unberücksichtigt, d. h. sich ändernde Größen (Kosten, Erträge) werden nicht beachtet

➤ u. a.

1.2.3.1 ➤ Handelsregisterauszug,

➤ vorläufige Bilanz,

➤ vorläufige GuV-Rechnung,

➤ Vermögensaufstellung,

➤ Finanzplan,

➤ Angebot über die zu finanzierende Fertigungsanlage

1.2.3.2 Angebot 1 – Annuitätendarlehen:

Vorteile: gleichbleibende Belastung = feste Kalkulationsgröße, niedrige Zinssumme, günstigster Zinssatz

Nachteile: Disagio 2 %, damit erhöhte Kreditsumme

Angebot 2 – Fälligkeitsdarlehen:

Vorteile: niedrigste monatliche Gesamtbelastung

Nachteile: unwirtschaftliches Ansparen des Kapitals für Endfälligkeit, höchste Zinssumme

20   Korte - ISBN 978-3-8120-1028-3

Modell-unternehmen

KLR: Einstieg

Abgrenzung

BAB

Maschinen-stunden

Prozess-kosten

Investition

Finanzierung

MUSTER-KLAUSUR

Angebot 3 – Ratentdarlehen:

Vorteile: relativ niedrige Zinssumme

Nachteile: hohe monatliche Gesamtbelastungen gerade in den ersten Jahren der Produktein-führung, höchster Zinssatz

1.2.3.3 Darlehenssumme: 540.000,00 EUR (90 % von 600.000,00 EUR)

Kreditaufnahme: 551.020,41 EUR aufgrund des Disagio von 2 %

Annuitätenfaktor: $\dfrac{0,0738727}{0,4774554} = 0,1547218$

Annuität: 0,1547218 · 551.020,41 EUR = 85.254,89 EUR

		Angebot 1		Angebot 2		Angebot 3	
Zinssatz		5 % Annuitätendarlehen		5,25 % Fälligkeitsdarlehen		5,35 % Ratendarlehen	
Jahr	Annuität	Zinsen	Tilgung	Zinsen	Tilgung	Zinsen	Tilgung
1	85.254,89	27.551,02	57.703,87	28.350,00		28.890,00	67.500,00
2	85.254,89	24.665,58	60.589,31	28.350,00		25.278,75	67.500,00
3	85.254,89	21.636,36	63.618,53	28.350,00		21.667,50	67.500,00
4	85.254,89	18.445,44	66.799,45	28.350,00		18.056,25	67.500,00
5	85.254,89	15.115,46	70,139,43	28.350,00		14.445,00	67.500,00
6	85.254,89	11.608,49	73.646,40	28.350,00		10.833,75	67.500,00
7	85.254,89	7.926,17	77.328,72	28.350,00		7.222,50	67.500,00
8	85.254,89	4.059,74	81.194,70	28.350,00	540.000,00	3.611,25	67.500,00
	682.039,12	131.018,26	551.020,41	226.800,00	540.000,00	130.005,00	540.000,00

Lösung zu Aufgabe 2:

Angebot 1			Angebot 2		
Überschüsse	Abzinsungs-faktor	Barwert	Überschüsse	Abzinsungs-faktor	Barwert
48.000 EUR	0,892857	42.857 EUR	62.000 EUR	0,892857	55.357 EUR
46.000 EUR	0,797194	36.670 EUR	60.000 EUR	0,797194	47.831 EUR
45.000 EUR	0,711780	32.030 EUR	59.000 EUR	0,711780	41.995 EUR
43.000 EUR	0,635518	27.327 EUR	57.000 EUR	0,635518	36.224 EUR
Barwertsumme		138.884 EUR	Barwertsumme		181.407 EUR
+ Wiederv. (15.000 EUR) – AK	0,635518	9.533 EUR 140.000 EUR			– 140.000 EUR
Kapitalwert		+ 8.417 EUR	Kapitalwert		+ 41.407 EUR

Die Entscheidung: Angebot 2, da höherer Kapitalwert!

Lösung zu Aufgabe 3:

3.1 Kapitalbedarf des Anlagevermögens

Erstellung eines Produktions- und Bürogebäudes	1.700.000,00 EUR
+ Kauf maschineller Anlagen	850.000,00 EUR
+ Kauf von Büro- und Geschäftsausstattung	70.000,00 EUR
+ Ausgaben für Marktforschung	25.000,00 EUR
+ Ausgaben für Produkteinführung	10.000,00 EUR
= **Summe**	**2.655.000,00 EUR**

3.2 Kapitalbedarf des Umlaufvermögens

tgl. Materialverbrauch (7.500,00 EUR) · (10 Tg + 8 Tg + 12 Tg + 30 Tg – 21 Tg) = Finanzbedarf für Mat.-Einzelkosten	292.500,00 EUR	
+ 40 % Mat.-Gemeinkosten von 7.500,00 EUR · (10 Tg + 8 Tg + 12 Tg + 30 Tg)	180.000,00 EUR	
= **Summe Kapitalbedarf für Materialkosten**		**472.500,00 EUR**
tgl. Lohnzahlungen (1.500,00 EUR) · (8 Tg + 12 Tg + 30 Tg) = Finanzbedarf für Fertigungskosten	75.000,00 EUR	
+ 120 % Fertigungsgemeinkosten von 1.500,00 EUR · (8 Tg + 12 Tg + 30 Tg)	90.000,00 EUR	
= **Summe Kapitalbedarf für Fertigungskosten**		**165.000,00 EUR**
Kapitalbedarf für Herstellkosten (Material- + Fertigungskosten)		**637.500,00 EUR**
+ 30 % von (7.500 + 3.000 + 1.500 + 1.800 = 13.800) · 60 Tage (10 + 8 + 12 + 30) Verw.- u. Vertriebskosten[1]		**248.400,00 EUR**
= **Summe Umlauffinanzierung**		**885.900,00 EUR**

3.2

Summe Grundfinanzierung	2.655.000,00 EUR
+ Summe Umlauffinanzierung	885.900,00 EUR
= **gesamter Kapitalbedarf**	**3.540.900,00 EUR**
gesamter Kapitalbedarf	3.540.900,00 EUR
– Eigenkapital	2.500.000,00 EUR
= **notwendiger kurzfristiger Kredit**	**1.040.900,00 EUR**

---

1 Nebenrechnung: 30 % von 637.500,00 EUR = 191.250,00 EUR

Herstellkosten	637.500,00 EUR EUR
+ Verw.- und Vertriebskosten	191.250,00 EUR
= Umlauffinanzierung	828.750,00 EUR
Grundfinanzierung	2.655.000,00 EUR
+ Umlauffinanzierung	828.750,00 EUR
= gesamter Kapitalbedarf	3.483.750,00 EUR
gesamter Kapitalbedarf	3.483.750,00 EUR
– Eigenkapital	2.500.000,00 EUR
= notwendiger kurzfristiger Kredit	983.750,00 EUR

Modell-unternehmen

KLR: Einstieg

Abgrenzung

BAB

Maschinen-stunden

Prozess-kosten

Investition

Finanzierung

MUSTER-KLAUSUR